＼令和6年度 ガイドライン改訂／

児童発達支援
個別支援計画
サポートブック

保育総合研究会 監修

はじめに

　この度、保育総合研究会が監修をした『児童発達支援 個別支援計画サポートブック』を出版いたしました。当研究会ではこれまでに「保育所保育指針」「幼稚園教育要領」「幼保連携型認定こども園教育・保育要領」等の改訂や、保育記録や指導計画に関する書籍を監修してきました。本書は、「障害児支援」に関わる内容を、保育総合研究会として初めてまとめたものとなります。

　私が園長を務める、こども園ひがしどおりでは、令和4年に「ひがしどおり児童発達支援事業所TAOTAO（たおたお）」を併設しました。その後、当研究会では障害事業設立研修会を開催し、加盟園には児童発達支援事業所や放課後等デイサービス事業所を開設する園が増えています。
　障害のあるこどもは、保育施設（保育所・幼稚園・認定こども園等）と障害児施設（児童発達支援センター・児童発達支援事業所等）の両施設に通うケースが少なくありません。これを「併行利用」といいますが、そうであるならば、両施設の連携や接続は当然行われるべきもので、支援内容も情報共有しながら、保育や支援の目安である、保育の「5領域」と児童発達支援の「5領域」とを鑑みながら進めていくべきと考えていました。

　令和5年に「こどもまんなか社会」の実現に向けて、こども家庭庁が発足しました。令和6年4月には「令和6年度障害福祉サービス等報酬改定（障害児支援関係）の改定事項の概要」が示され、同年7月には「児童発達支援ガイドライン」「放課後等デイサービスガイドライン」の改訂、及び「保育所等訪問支援ガイドライン」が策定されました。
　「児童発達支援ガイドライン」の改訂には、大きく2点の意義が示されていると考えます。1点目は、個別支援計画において、「5領域」との関連性の明記が必須になったこと。2点目は、これまで以上に児童発達支援事業所等と保育施設の連携・接続を図ることが記されたことでしょう。

　そこで本書では、令和6年の「児童発達支援ガイドライン」改訂に沿った個別支援計画作成の流れやポイントをわかりやすく解説し、計画案14ケースを示しました。
　また、児童発達支援事業所等と保育施設の連携がより強くなることを願い、インクルーシブ教育（保育）の流れや園における支援実例、児童発達支援と園の連携についても取り上げています。

　「こどもまんなか社会」が目指している「全てのこどもの健やかな成長」「ウェルビーイングの向上」「誰一人取り残さず、抜け落ちることのない支援」という、こども施策の考え方を、こどもへの支援にどうつなげていくか、本書がその一助になれば幸いです。
　本書の制作にあたり、監修・執筆等を担当していただいた保育総合研究会インクルーシブ委員会委員長の岩田貴正氏をはじめとしたメンバーの皆様への感謝とともに、本書が、障害のあるこどもたちと保護者、そして障害児施設や保育施設にとって有益となることを祈念し、「はじめに」のあいさつといたします。

保育総合研究会 会長　坂﨑隆浩

contents

はじめに 2

「児童発達支援ガイドライン」の役割と改訂の意義 4

ココもチェック！ 支援プログラム作成と公表 10

column 1 すべての人が尊重される社会に 〜インクルーシブ教育の歩み〜 12

Chapter 1 個別支援計画作成の流れと評価 13

アセスメント・モニタリングによる **計画作成と支援提供の流れ** 14

児童発達支援事業所等が行う アセスメントのポイント 18

児童発達支援事業所等が行う モニタリングと計画の見直し 20

ココもチェック！ 支援時間による報酬算定の見直し 22

column 2 児童発達支援から放課後等デイサービスへの連携 24

Chapter 2 個別支援計画の記載にあたって 25

令和6年度ガイドライン改訂に対応 **個別支援計画の記載ポイント** 26

「本人支援」記載のポイント **5領域の視点を踏まえた作成** 40

column 3 重症心身障害児・医療的ケア児をどう支えるか 43

ココもチェック！ 「保育所等訪問支援ガイドライン」が新たに策定 44

Chapter 3 5領域対応 個別支援計画案 14ケース 46

実践につながる支援計画を 47

ココもチェック！ 児童発達支援と園は連携を 76

column 4 園における発達支援の実例 78

付録 児童発達支援ガイドライン（令和6年7月） 79

保育総合研究会とは／フォーマットダウンロードのしかた 102

おわりに 103

「児童発達支援ガイドライン」の役割と改訂の意義

令和6年7月、「児童発達支援ガイドライン」が改訂されました（P.79）。どのような背景から、どう改訂されたのでしょうか。「児童発達支援ガイドライン」の意義とともに、改訂のポイントを紐解きます。

坂﨑隆浩
社会福祉法人清隆厚生会理事長、保育総合研究会会長。児童発達支援事業所を併設するこども園ひがしどおりの園長のほか、複数の保育施設を運営し、厚生労働省、文部科学省等の顧問委員を歴任。保育実務と保育制度・政策の両面に明るく、「要録・指針」「インクルーシブ保育」の第一人者。社会福祉法人日本保育協会理事、保育三団体実務者委員も務める。著書に『「発達支援」基本のき』（世界文化社）など。

岩田貴正
株式会社エンジョイ代表取締役・社会福祉法人エンジョイ福祉会理事長。保育総合研究会インクルーシブ委員会委員長。一般社団法人全国介護事業者連盟 障害福祉事業部会の本部役員および三重県支部長。児童発達支援事業、放課後等デイサービス、障害児短期入所施設、就労継続支援B型事業所、グループホーム、相談支援事業所など多岐にわたる事業を運営。「とぎれない支援」を大切にし、保護司としても地域に貢献。

「児童発達支援ガイドライン」の重要性

障害のあるこどもや家族に対して質の高い支援を提供する

児童福祉法（昭和二十二年十二月十二日法律第百六十四号）第一章 第六条の二の二第二項の規定に、児童発達支援とは、障害のあるこどもに対し、児童発達支援センター等において、「日常生活における基本的な動作及び知識技能の習得並びに集団生活への適応のための支援」を提供するものと示されています。

それを受けて、児童発達支援センター及び児童発達支援事業所（以下、事業所等）に関わる全国共通の枠組みとして、平成29年「児童発達支援ガイドライン」が初めて定められました。

この「児童発達支援ガイドライン」は、障害のあるこどもやその家族に対して質の高い支援を提供する目的で、児童発達支援の内容や運営及びこれに関連する事項を定めているものです。

なお、令和6年には「児童発達支援ガイドライン」「放課後等デイサービスガイドライン」が改訂され、新規にて「保育所等訪問支援ガイドライン」が策定されています。

このたびのガイドラインの改訂によって「児童発達支援」や「個別支援計画」が、障害のあるこどもまたはその可能性のあるこどものためになるという意義の周知により、支援者が日々の支援により前向きに向き合えることが望まれています。

児童発達支援の役割

こどものニーズに応じて4つの支援を提供する

「児童発達支援ガイドライン」では、「本人支援」「家族支援」「移行支援」「地域支援・地域連携」の4つの支援が児童発達支援の役割だとされています（＊1）。

その中の「本人支援」の大きな目標は、障害のあるこどもが、将来、日常生活や社会生活を円滑に営めるようになることです。そのためには、包括的かつ丁寧にこどもの発達段階や特性に応じた支援を提供することが重要です。

そこで、以下の5領域の視点を踏まえ、「個々のこどもに応じてオーダーメイドの支援を提供していくことが重要である」と示されています。

【児童発達支援の5領域】

「健康・生活」：心身の健康や生活に関する領域

「運動・感覚」：運動や感覚に関する領域

「認知・行動」：認知と行動に関する領域

「言語・コミュニケーション」：言語・コミュニケーションの獲得に関する領域

「人間関係・社会性」：人との関わりに関する領域

実際の支援場面においては、5領域の要素を取り入れながら、こどもの支援ニーズや現在と当面の生活状況等を踏まえ、こどもの育ちに必要な支援内容を組み立てていきます。

ここで大切なのは、この5領域は、それぞれが独立しているのではなく、相互に関連し、重なり合っているということです。こどもの発達というのは、各領域が独立して発達するのではなく、相互に関連しながら発達します。

この発達の相互関連に注視することで、一つの支援が複数の領域に波及効果をもたらす可能性が高まります。同時に、ある領域での課題が、ほかの領域での支援によって解決につながる可能性もあります。このような包括的アプローチにより、こどもたちは健やかに成長し、日常生活や社会生活を円滑に営む力を身につけることができるのです。

こどもの育ちの連続性を意識した保育所等の保育内容への理解

「児童発達支援ガイドライン　第3章 児童発達支援の提供すべき支援の具体的内容」では、こどもの育ちの連続性を意識した支援が求められており、保育所等との連携及び併行利用や移行に向けた支援を行うために、「保育所保育指針」「幼稚園教育要領」「幼保連携型認定こども園教育・保育要領」「特別支援学校幼稚部教育要領」等の内容についても理解し、支援に当たることが重要であると書かれています。これらの各要領・指針には、こどもの発達の側面から、その時期に必要な様々なことが記載されています。

まず基本的なこどもの発達を理解することにより、事業所等に通所するこどもの発達のどこに課題があるのかが明確になり、適切な支援へとつながるのです。

こどもの育ちの連続性

（＊1）「児童発達支援ガイドライン」より
主に就学前の障害のあるこども又はその可能性のあるこどもに対し、個々の障害の状態や発達の状況、障害の特性等に応じた発達上のニーズに合わせて本人への発達支援（本人支援）を行うほか、こどもの発達の基盤となる家族への支援（家族支援）を行うことが求められる。また、全てのこどもが共に成長できるよう、障害のあるこどもが、可能な限り、地域の保育、教育等を受けられるように支援（移行支援）を行うほか、こどもや家庭に関わる関係機関と連携を図りながら、こどもや家族を包括的に支援（地域支援・地域連携）していくことが求められる。

保育施設との連携・接続を図るために保育内容を知ることが重要

児童発達支援と保育所等の併行利用や移行支援がスムーズに行われるためには、事業所等がそれぞれの保育施設と連携・接続を図るとともに、保育内容を知ることは必須だと考えます。

保育における各要領・指針にも「健康」「人間関係」「環境」「言葉」「表現」という5領域がありますが、児童発達支援の5領域とは違いが少なくありません。事業所等に通所するこどもが保育施設を併行利用している場合は、保育の5領域にも関連づけることにより、そのこどもの支援に当たる際の大きな示唆になります。互いの施設で双方の5領域を見比べて学ぶことも大切です。

（坂﨑）

児童発達支援と保育の各5領域の対比

児童発達支援 ※「児童発達支援ガイドライン（令和6年7月）」より

健康・生活
- 健康状態の維持・改善
- 生活習慣や生活リズムの形成
- 基本的生活スキルの獲得

運動・感覚
- 姿勢と運動・動作の基本的技能の向上
- 姿勢保持と運動・動作の補助的手段の活用
- 身体の移動能力の向上
- 保有する感覚の活用
- 感覚の補助及び代行手段の活用
- 感覚の特性への対応

認知・行動
- 認知の特性についての理解と対応
- 対象や外部環境の適切な認知と適切な行動の習得（感覚の活用や認知機能の発達、知覚から行動への認知過程の発達、認知や行動の手掛かりとなる概念の形成）
- 行動障害への予防及び対応

言語・コミュニケーション
- コミュニケーションの基礎的能力の向上
- 言語の受容と表出　●言語の形成と活用
- 人との相互作用によるコミュニケーション能力の獲得
- コミュニケーション手段の選択と活用
- 状況に応じたコミュニケーション
- 読み書き能力の向上

人間関係・社会性
- アタッチメント（愛着）の形成と安定
- 遊びを通じた社会性の発達
- 自己の理解と行動の調整
- 仲間づくりと集団への参加

保育 ※「保育所保育指針（平成30年施行）」（1歳以上3歳未満児の保育に関わるねらい及び内容・3歳以上児の保育に関わるねらい及び内容）より

健康
健康な心と体を育て、自ら健康で安全な生活をつくり出す力を養う。

人間関係
他の人々と親しみ、支え合って生活するために、自立心を育て、人と関わる力を養う。

環境
周囲の様々な環境に好奇心や探究心をもって関わり、それらを生活に取り入れていこうとする力を養う。

言葉
経験したことや考えたことなどを自分なりの言葉で表現し、相手の話す言葉を聞こうとする意欲や態度を育て、言葉に対する感覚や言葉で表現する力を養う。

表現
感じたことや考えたことを自分なりに表現することを通して、豊かな感性や表現する力を養い、創造性を豊かにする。

「児童発達支援ガイドライン」改訂の背景

児童発達支援の利用者数の増加により支援の質向上が必然に

障害児通所支援は、平成24年の児童福祉法改正により位置づけられ、それを受けて、平成29年に「児童発達支援ガイドライン」が策定されました。児童発達支援を利用するこどもの数は、令和7年現在まで年々増え、それに比して事業所等も増加しており、支援の専門性や質向上が求められるようになりました。

障害児通所支援においては、令和3年度から事業所等の質向上を念頭に置いた各種の様々な検討会等（右記参照）が設置されました。

また、令和5年度には、こども家庭庁が創設され、それまで厚生労働省において、障害福祉の中で所管されていた障害児支援はこども家庭庁へ移管。これにより、障害児支援は、こども家庭庁のこども施策全体の中で推進されることとなりました。

こども施策全体の土台となる、「こども基本法」が令和5年に施行され、同年に「こども大綱」「幼児期までのこどもの育ちに係る基本的なビジョン（はじめの100か月の育ちビジョン）」「こどもの居場所づくりに関する指針」が策定。これらの内容と、これまでの検討の過程を踏まえ、ガイドラインの見直しが行われ、改訂に至りました。

各種審議会・検討会

令和3年度
- 障害児通所支援の在り方に関する検討会（厚生労働省）／「障害児通所支援の在り方に関する検討会報告書～すべての子どもの豊かな未来を目指して～」（令和3年10月）
- 社会保障審議会障害者部会（厚生労働省）／「障害者総合支援法改正法施行後3年の見直しについて 中間整理」（令和3年12月）

令和4年度
- 児童福祉法改正（令和4年6月成立）※令和6年4月1日施行／児童発達支援センターの役割・機能の強化、放課後等デイサービスの対象児童の見直し 等
- 障害児通所支援に関する検討会（厚生労働省）／「障害児通所支援に関する検討会報告書～すべてのこどもがともに育つ地域づくりに向けて～」（令和5年3月）

令和5年度
- こども家庭庁の設置／こども家庭審議会障害児支援部会を設置 等

令和6年度
- 障害福祉サービス等報酬改定／児童発達支援センターの一元化、総合的な支援の推進 等

「児童発達支援ガイドライン」改訂のポイント

こどもを尊重した支援の重要性がより強調された

令和6年の「児童発達支援ガイドライン」改訂における、最初のポイントは、障害のあるなしにかかわらず、こどもは権利行使の主体であり、身体的・精神的・社会的に幸せな状態にあることを指すウェルビーイングの実現が強く示されたことでしょう。

それは、「児童発達支援ガイドライン　第1章総論」に「こども施策の基本理念」(＊2)が示され、その理念を意識した上で、障害のあるこどもや家族の支援に当たる必要があると示されていることからも読み取れます。

児童発達支援センターが地域の中核的役割を担う機関に

また、児童発達支援センターが地域の中核的役割を担うことが示されたこともポイントです。

令和4年に成立した改正児童福祉法には、児童発達支援センターが地域の障害児支援の中核的役割を担う機関として、法的に明示されました。

そこで改訂後のガイドラインでも、児童発達支援センターは、自治体や障害福祉、母子保健、医療、子育て支援、教育、社会的養護など、こどもの育ちや家庭生活に関わる関係機関と連携し、地域の支援体制を構築することが求められています。

事業所における「支援プログラム」の作成・公表が義務化に

ガイドラインの改訂を受けて、事業所等にとって課題のひとつとなったのが、事業所等における支援の実施に関する計画「支援プログラム」(P.10)を5領域との関連性を明確にして作成・公表する必要が新たに加わったことではないでしょうか。

「令和6年度障害福祉サービス等報酬改定」において、支援プログラムを作成・公表しなかった場合には、基本報酬が減算されることとなりました（令和7年4月1日から適用）。

個別支援計画において5領域との関連性を明確にして支援を提供

そして本書で取り上げる「個別支援計画」にも、「5領域との関連性」を含めて記載することが必要となりました。

個別支援計画とは、障害福祉サービス事業者が利用者に障害福祉サービスを提供するために必要不可欠な計画であり、事業者等が、障害児や発達に課題のある利用者一人ひとりのニーズに応じた支援を行うための具体的な指針を記した計画です。この計画がなければ適切なサービスを提供することはできません。

個別支援計画は、「令和6年度障害福祉サービス等報酬改定」により見直しが行われ、児童発達支援及び放課後等デイサービスにおいての「個別支援計画の記載のポイント」が示されています。とくに大切なのが、「5領域の視点を踏まえた総合的な支援を提供すること」です。

個別支援計画作成における主なポイントは以下の通りです。

- 5領域との関連性を明確にした支援内容を記載する。
- （基本報酬に時間区分が創設されたことにより）支援に要する時間を記載する。
- （延長支援を必要とする場合には）延長支援時間と延長支援を必要とする理由等を記載する。
- インクルージョン（障害児の地域社会への参加・包摂）の観点を踏まえた取り組みを記載する。

(＊2)「こども施策の基本理念」より
○全てのこどもは大切にされ、基本的な人権が守られ、差別されないこと。
○全てのこどもは、大事に育てられ、生活が守られ、愛され、保護される権利が守られ、平等に教育を受けられること。
○年齢や発達の程度により、自分に直接関係することに意見を言えたり、社会の様々な活動に参加できること。
○全てのこどもは年齢や発達の程度に応じて、意見が尊重され、こどもの今とこれからにとって最もよいことが優先して考えられること。
○子育ては家庭を基本としながら、そのサポートが十分に行われ、家庭で育つことが難しいこどもも、家庭と同様の環境が確保されること。
○家庭や子育てに夢を持ち、喜びを感じられる社会をつくること。

計画を立てる重要性が理解できれば
現場でも前向きに受け入れられるように

　「個別支援計画」の作成が見直されたことにより、支援の現場は、より望むべき姿になったと考えています。「児童発達支援ガイドライン」の改訂により「個別支援計画」に求められるものが増え、作成の負担感は増すとしても、計画を立てることが支援において重要であると理解でき、結果的にこどもの育ちにつながると実感できれば、現場は前向きに受け入れられるのではと感じます。　　　　（岩田）

児童発達支援と保育所等との連携

こども本人を支援の輪の中心に
関係機関の連携を密にする

　事業所等と保育所等の連携は、今後さらに必要です。「児童発達支援ガイドライン　第5章 関係機関との連携」でも、事業所等と保育所等の連携は重視されています（＊3）。

　その中で、保育所等への移行時の情報共有や移行後のフォローアップ、保育所等との併行利用の場合の支援内容の共有やバックアップ、保育所等との交流や同年代のこどもと活動する機会の確保などの連携が必要と記されています。今後、関係機関は、より一層、密接に連携していかねばなりません。

（＊3）「児童発達支援ガイドライン」より

　障害のあるこどもの発達支援は、こども本人を支援の輪の中心として考え、様々な関係者や関係機関が関与して行われる必要があり、これらの関係者や関係機関は連携を密にし、適切に情報を共有することにより、障害のあるこどもに対する理解を深めることが必要である。

　このため、事業所等は、日頃から、関係機関との連携を図り、児童発達支援が必要なこどもが、円滑に児童発達支援の利用に繋がるようにするとともに、その後も、こどもの支援が保育所等や 学校等に適切に移行され、支援が引き継がれていくことが必要である。また、セルフプランにより複数の事業所等を利用するこどもについては、適切な障害児支援の利用の観点から、利用する全ての事業所間において、こどもの状態や支援状況の共有等を行うなど、特に連携を図ることが重要である。

児童発達支援と保育所等は、ともにこどもを支える者として
互いに支援内容を共有し、話し合える関係になれたら

　児童発達支援から保育所等への移行時は、ある程度の情報は保育所側も必要であり、連携や接続が結果的にとられているのではないかと思います。一方、児童発達支援と保育所等の併行利用に関しては、支援内容の共有やバックアップ、児童発達支援と保育所等との交流が頻繁に行われているとは言い難い状況があると感じます。

　本来であれば、同じこどもが児童発達支援と保育所等で併行して支援を受けているのですから、その施設同士で支援内容を共有するのは当然のことではないでしょうか。

　今回の障害児通所支援におけるガイドライン改訂では、新たに「保育所等訪問支援ガイドライン」も策定されました。障害児支援の質の向上が図られている今こそ、ぜひとも互いにこどものことを話し合う関係になってもらいたいと思います。オンラインを使った打ち合わせでもよいのです。少しの時間の打ち合わせの積み重ねが、大きな効果を生むと思います。

　地域の行政、保育施設、学校、児童発達支援や放課後等デイサービス、病院など包摂的社会の一環（虐待・貧困撲滅も含む）として、児童発達支援と保育所等がスムーズな連携をとれるよう願っています。　　　　　　　　　　　　　　　（坂﨑）

支援プログラム作成と公表

令和6年の「児童発達支援ガイドライン」改訂により、総合的な支援の推進と、事業所が提供する支援の見える化を目的に、事業所ごとに5領域とのつながりを明確化した支援プログラムを作成・公表することが義務化されました。ガイドライン改訂とともに示された「児童発達支援等における支援プログラムの作成及び公表の手引き」をもとに解説します。

●支援プログラムの公表について

支援プログラムの作成・公表は「事業所が創意工夫の上、様々な形式により作成して差し支えない」「インターネットの利用その他の方法により広く公表するとともに、公表方法及び公表内容を都道府県に届け出ること」とされています。公表はホームページでの掲載をはじめ、事業所内での掲示（第三者が閲覧できる場所）、利用者や見学者への書面による周知等が想定されます。

●記載項目と内容

事業所における基本情報

① 事業所名　② 作成年月日　③ 法人（事業所）理念
④ 支援方針　⑤ 営業時間　⑥ 送迎実施の有無

支援内容

⑦ 本人支援の内容と5領域の関連性
支援内容と5領域を関連付けて記載する。なお、支援内容と5領域を関連付ける際の記載方法については、様々な形式が想定され、その方法については問わないものとする。

⑧ 家族支援の内容
事業所において取り組んでいる、家族に対する支援について記載する。きょうだいへの支援も含む。

⑨ 移行支援の内容
事業所において取り組んでいる移行に向けた支援について記載する。保育所等への移行、ライフステージの切り替え、事業所以外での生活や育ちの場の充実、地域とつながりながら日常生活を送るための取り組みなども含む。

⑩ 地域支援・地域連携の内容
事業所において取り組んでいる地域支援・地域連携の取り組みについて記載する。児童発達支援センターや地域の中核的役割を担う事業所においては、地域の保育所等や障害児通所支援事業所への後方支援（地域支援）を実施している場合には、その取り組みについても記載。

⑪ 職員の質の向上に資する取り組み
事業所の提供する支援の質を確保するため、事業所内研修の実施や、外部研修への派遣など、職員の質の向上に資する取り組みについて記載する。

⑫ 主な行事等
事業所において実施している主な行事等について記載する。通常の活動において季節に合わせた活動（節分、ひな祭り、クリスマス会、夏の水遊びなど）も含む。

●支援プログラム（例）

支援プログラムの様式には決まりはありませんが、「児童発達支援等における支援プログラムの作成及び公表の手引き」に「支援プログラム参考様式」が示されています。以下では、その形式を用いた記載例を紹介します。

支援プログラム

事業所名			作成日　　　年　　　月　　　日		
法人（事業所）理念		（法人理念）こどもたちの圧倒的な笑顔を創る （事業所理念）私たちはこどもの好きなことや得意なことを伸ばす			
支援方針		●『こども主体で』　こどもが、何をしたいのか、何を感じているのか、何を求めているのかなど、常にこども主体で考えます。 ●『こどもの遊びを大切に』　こどもが、何が好きなのか、何の遊びをしたいのかを知り、その遊びの幅が広がるように提供し、一緒に遊びを楽しみます。 ●『安心・安全の場に』　こどもが、安心できる場所、自分の居場所を見つけ、自分らしさを発揮できるようにします。			
営業時間		9時00分　　から　　17時00分まで	送迎実施の有無	（あり）　　　なし	

支援内容

本人支援	健康・生活	・睡眠・食事・排泄・衣類の着脱など基本的な生活習慣や、身支度・準備・片づけなど集団生活に必要なスキルが身につくようなプログラムを実施。 ・個々の特性に配慮し、時間や空間を本人に分かりやすく構造化する。			
	運動・感覚	・まずは、身体を動かすことが楽しいと思え、自ら遊びに参加できるような環境の設定。 ・自力での身体移動や歩行、歩行器や車椅子による移動など、日常生活に必要な移動能力の向上。 ・粗大運動：歩く・走る・止まるなどの基本動作から、体力作り、全身運動などを、遊具や巧技台を使ってプログラムを実施。 ・微細運動：ひっぱる・つかむ・つまむ・まわす・通す・はめる・入れるなどの手先の動きを、玩具や教材を使ってプログラムを実施。 ・感覚：触覚・味覚・嗅覚・視覚・聴覚の五感をふんだんに味わったり、揺れたりスピード感を味わえるプログラムを実施。			
	認知・行動	・目や耳など、感覚のどの部分からの認知が得意かを知り、個々に応じた支援を提供。 ・適切な行動を知る支援の提供。 ・色や形、大小や長短、時間の概念、比較や分類など、玩具や教具、絵本などを使ってプログラムを実施。			
	言語・コミュニケーション	・言葉だけの表出に限らず、こどもが自分の意思を身振りや手振りなど何らかの方法で表出できる環境の設定。 ・物と名称、行動と言葉、感情と言葉を一致できるプログラムや模倣遊び、リズム遊びなどを通して2～3語文や名詞や動詞、助詞などの言語を習得できるプログラムを実施。			
	人間関係・社会性	・自分の表出した気持ちを、スタッフに共感してもらえたという安心感が持てる環境の設定。 ・一人遊びから、対大人との遊び、見立て遊び、他児との並行遊びから協調した遊びにつながるプログラムを実施。 ・ルールのある遊びを通して、集団生活への参加やルールの理解、自分と他人の気持ちの理解ができるプログラムを実施。			
家族支援		・家族の子育てや発達についての相談や援助を行うことで、孤立感を軽減できるサポート作り。 ・保護者会や座談会の開催を通じて、保護者同士のつながりをもつ機会の提供。 ・ペアレント・トレーニングなど家族の学びの場の提供。 ・きょうだい児への支援。 ・心理士による相談やカウンセリング。	移行支援	・同年代のこどもとふれあう機会作り。 ・就園先や就学先との連携。 ・事業所と園などの集団生活での支援方法の統一化。 ・移行先への相談援助。	
地域支援・地域連携		・こどもを取り巻く機関（園や医療機関、相談支援事業所など）と、個別支援計画などの情報共有。 ・災害時などの協力要請。 ・地域行事等への参加。	職員の質の向上	・児童発達支援ガイドラインの内容、定型発達や障害知識など基礎知識に関する研修。 ・虐待防止、感染症・衛生管理、事故防止、災害、不審者対応などの研修。 ・各専門分野同士のスキルアップのための勉強会。	
主な行事等		季節の行事、地域住民や利用者を対象とした祭り。			

※「児童発達支援等における支援プログラムの作成及び公表の手引き」における「支援プログラム参考様式」は横長ですが、ページの都合上、縦長にしています。

column1

すべての人が尊重される社会に

～インクルーシブ教育の歩み～

インクルーシブ教育（保育）が、国際的にそれを目的として前進していこうという動きを見せたのは、1994年のサラマンカ声明がその初めだと考えられます。その前書きには、「1994年6月7日から10日にかけ、スペインのサラマンカに92か国の政府および25の国際組織を代表する300名以上の参加者が、インクルーシブ教育（inclusive education）のアプローチを促進するために必要な基本的政策の転換を検討することによって、『万人のための教育（Education for All)』の目的をさらに前進させるために、すなわち、学校がすべての子どもたち、とりわけ特別な教育的ニーズをもつ子どもたちに役立つことを可能にさせるため、（中略）会議は、『特別なニーズ教育における原則、政策、実践に関するサラマンカ声明ならびに行動の枠組み（Salamanca Statement on Principles、Policy and Practice in Special Needs Education and a Framework for Action)』を採択した」とあります。そして、これらの文書は、「インクルージョン（inclusion）の原則、『万人のための学校』──すべての人を含み、個人主義を尊重し、学習を支援し、個別のニーズに対応する施設に向けた活動の必要性の認識を表明している」と書かれています。

一方、日本では1993年に障害者基本法が公布され、2011年の同法改正の際には、基本原則として「障害者に対して、障害を理由として、差別すること、その他の権利利益を侵害する行為をしてはならない」旨が規定されました。

そして、2006年に国連総会で「障害者権利条約」が採択されたことを受けて、日本は2007年に同条約に署名し、その翌年に正式に発効。その年に文部科学省から特別支援教育が学校教育法に位置付けられ、従来の特殊教育の対象の障害者だけでなく、知的発達の遅れのない発達障害も含めて、障害の有無やその他のすべての違いを認識して、様々な人々が生き生きと活躍できる共生社会の形成を目指したのです。これが日本におけるインクルーシブ教育（保育）が本格的に始動した時期と考えられます。

しかし、このような経緯は、それまで福祉の観点で幼児教育・保育を担ってきた保育所等や障害児支援の現場にとっては、特段真新しいことではなかったと思われます。インクルーシブ教育（保育）が始動する前から、すべてのこどもを受け入れていこうとする姿勢で保育や支援を行ってきたからです。先に紹介した世界的に見た潮流や、文部科学省を中心とした教育分野から見たインクルーシブ教育（保育）へのアプローチとは、辿ってきた経緯を異にしています。

これからますます多様性が求められる時代に、教育や福祉の垣根を越えて、障害のあるこどもたちに関わる人々すべてが協力し支援することが、関係機関や社会の中で困っているこどもたちの安心や成長を保障していくことになるのではないでしょうか。

ほうこく保育園 園長　筑波晃英

chapter 1

個別支援計画作成の流れと評価

\ 分析・評価 /　　　　\ 観察・記録 /

アセスメント・モニタリングによる
計画作成と支援提供の流れ

児童発達支援の適切な実施に当たっては、障害児相談支援事業所が作成する障害児支援利用計画を受けて、児童発達支援管理責任者が、児童発達支援計画を作成。その児童発達支援計画に基づき、事業所における日々の支援が提供されます。計画作成の流れと、鍵となるアセスメント、モニタリングのポイントを解説します。

※児童発達支援計画は、児童発達支援管理責任者が作成する「個別支援計画」です。

障害児支援利用計画の作成の流れ

支援提供の流れ

障害児相談支援事業所

1 アセスメント
2 障害児支援利用計画案
3 支給決定（市町村）
4 サービス担当者会議
5 障害児支援利用計画

保育所・認定こども園、幼稚園等
個別の教育支援計画等

11 モニタリング
11 サービス担当者会議
11 障害児支援利用計画の変更

児童発達支援事業所等

6 利用契約（利用開始）
アセスメント
7 児童発達支援計画の原案
8 個別支援会議
9 児童発達支援計画
10 児童発達支援計画の実施（児童発達支援の提供）
10 モニタリング
10 児童発達支援計画の変更

児童発達支援計画の作成の流れ

出典（P.14 〜 17）：「児童発達支援ガイドライン（令和6年7月）（詳細版⑤）」を参考に編集部で作成

1 アセスメント

　相談支援専門員は、こどもや家族との面談により、こどもの心身の状況や置かれている環境、日常生活の状況、現に受けている支援、支援の利用の意向等をこどもや家族から聞き取った上で、それらに基づいたアセスメントによりニーズを明らかにし、総合的な援助方針 を提案する。

2 障害児支援利用計画案

　相談支援専門員は、こどもや家族の意向と総合的な援助方針に基づき、障害児通所支援や障害福祉サービスの中から、必要な支援を選択又は組み合わせ、個々の支援の目的や内容及び量について検討し、こども又は保護者の同意のもと、障害児支援利用計画案を作成する。

3 支給決定（市町村）

　市町村（特別区を含む）は、作成された障害児支援利用計画案を勘案し、事業所等の利用についての支給決定を行う。

4 サービス担当者会議

　相談支援専門員は、支援を提供する事業所等を集めた担当者会議を開催する。担当者会議には、こどもや家族、事業所等の児童発達支援管理責任者や職員、他の支援等を利用している場合にはその担当者、その他必要に応じて、こどもや家族への支援に関係する者が招集される。

5 障害児支援利用計画

　相談支援専門員は、担当者会議を踏まえ、こども又は保護者の同意のもと障害児支援利用計画を確定し、こどもや保護者をはじめ、支給決定を担当する市町村（特別区を含む）、事業所等の支援を提供する者に交付する。

障害児相談支援事業所

児童発達支援事業所等

Chapter 1 個別支援計画作成の流れと評価

6 アセスメント

児童発達支援管理責任者は、こどもや家族への面談等により、本人支援の5領域（「健康・生活 」、「運動・感覚 」、「認知・行動 」、「言語・コミュニケーション」、「人間関係・社会性」）の視点等を踏まえたアセスメントを実施する。

※市町村（特別区を含む）による支給決定の際の「5領域20項目の調査」（P.19）の活用が望ましい 。

7 児童発達支援計画の原案

児童発達支援管理責任者は、障害児支援利用計画やアセスメントを踏まえ、児童発達支援計画を作成する。

将来に対する見通しを持った上で、障害種別や障害の特性、こどもの発達の段階を丁寧に把握し、それらに応じた関わり方を考えていくとともに、こどもや保護者の意思の尊重、こどもの最善の利益の優先考慮の観点を踏まえて作成することが必要である。

8 個別支援会議

個別支援会議の開催に当たっては、こどもの支援に関わる職員を積極的に関与させることが必要である。オンラインの活用や、個別支援会議を欠席する職員がいる場合の会議の前後での情報共有も可能である。いずれにしても、こどもの支援に関わる全ての職員に必ず意見を聴く機会を設けることが求められる。

また、こどもの意見を尊重し、こどもの最善の利益を保障することが重要であることに鑑み、当該こどもの年齢や発達の程度に応じて、こども本人や保護者の意見を聴くことが求められる。そのため、例えば、会議の場にこどもと保護者を参加させることや、会議の開催前にこども本人や保護者に直接会って意見を聴くことなどが考えられる 。

9 児童発達支援計画

児童発達支援計画には、「利用児と家族の生活に対する意向」、「総合的な支援の方針」、「長期目標」、「短期目標」、「支援の標準的な提供時間等」、「支援目標

及び具体的な支援内容等」（「本人支援・家族支援・移行支援・地域支援・地域連携の項目」、「支援目標」、「支援内容（５領域との関連性を含む。）」、「達成時期」、「担当者・提供機関」、「留意事項」）を記載する。

それぞれの記載項目については、こどもと家族の意向とアセスメントを踏まえて、つながりを持って作成していくことが必要であり、「利用児と家族の生活に対する意向」を踏まえて「総合的な支援の方針」を設定し、それを受けた「長期目標」と「短期目標」、それを達成するための「支援目標及び具体的な支援内容等」を設定することが必要である。

児童発達支援計画は、障害児相談支援事業所へ交付を行うことが必要である。

10 モニタリング→児童発達支援計画の変更

児童発達支援計画は、概ね６か月に１回以上モニタリングを行うことになっているが、こどもの状態や家庭状況等に変化があった場合には、６か月を待たずしてモニタリングを行う必要がある。

障害児支援利用計画との整合性のある児童発達支援計画の作成と児童発達支援の実施が重要であることから、モニタリング時においても、障害児相談支援事業所と相互連携を図りながら、情報共有を行うことが重要である。

モニタリングにより、児童発達支援計画の見直しが必要であると判断された場合は、児童発達支援計画の積極的な見直しを行う。

11 モニタリング→サービス担当者会議 →障害児支援利用計画の変更

障害児支援利用計画は、一定期間毎にモニタリングを行うことになっており、各事業所から支援の提供状況や効果について確認した結果、現在の支援がニーズの充足のために適切でなかったり、当初のニーズが充足してニーズが変化していたり、新たなニーズが確認された場合は、必要に応じて担当者会議を開催し、障害児支援利用計画を見直す。

児童発達支援事業所等が行う
アセスメントのポイント

児童発達支援を利用するこどもと家族のニーズを適切に把握し、支援計画を作成するために必要なアセスメント。そのポイントを「児童発達支援ガイドライン」をもとにまとめます。

児童発達支援のアセスメントとは　こどもや家族と面談を行い、こどもの発達の実態把握、専門機関への相談経験、発達検査の結果などの状況、こどもと保護者の支援への意向などの情報を収集。それらの情報を分析・評価し、支援計画につなげます。

こどもや家族への面談等により、5領域を踏まえて実施する

- 児童発達支援管理責任者は、こどもや家族への面談等により、本人支援の5領域（「健康・生活」、「運動・感覚」、「認知・行動」、「言語・コミュニケーション」、「人間関係・社会性」）（P.41〜42）の視点等を踏まえたアセスメントを実施する。
- 事業所等は保護者に対し、市町村（特別区も含む）が支給決定の際に、介助の必要性や障害の程度の把握のために実施する「5領域20項目の調査」（P.19）の結果について確認の上、当該結果について、アセスメントを含め実際の支援の場面にも活用していくことが望ましい。

こどもの障害の状態だけでなく、適応行動の状況を確認

- こどもと保護者及びその置かれている環境を理解するためには、こどもの障害の状態だけでなく、こどもの適応行動の状況を、アセスメントにより確認する必要がある。

こどもと保護者のニーズや課題を分析する

- こどもの発育状況、自己理解、心理的課題、こどもの興味・関心等、必要な情報を集め、こどもと保護者のニーズや課題を分析する。
- 保護者のニーズとこども本人のニーズは必ずしも一致しないので、まずはこどものニーズを明確化していく。

こども本人のニーズをしっかりと捉えられるように対応する

- こどものニーズは変化しやすいため、日頃から状況を適切に把握して対応していく必要がある。
- 全てのこどもが権利の主体であることを認識し、個人として尊重する。
- 意見を形成・表明する手助けをするなど、こども本人のニーズをしっかりと捉えられるように対応する。

● 5 領域 20 項目の調査

アセスメント実施の際、活用が望ましいとされている「5 領域 20 項目の調査」の内容は以下になります。
アセスメントの項目は定められてはおらず、自治体や各事業所等で独自に作成しているところもあります。

障害児の調査項目（5 領域 20 項目）

	領　域	項　目	判断項目				
1	健康・生活	（1）食事	①一人で食べることができる	②見守りや声かけがあれば食べることができる	③一部支援が必要である	④常に支援が必要である	
		（2）排せつ	①一人でトイレに移動して排せつすることができる	②見守りや声かけがあればトイレに移動して排せつすることができる	③一部支援が必要である	④常に支援が必要である	
		（3）入浴	①一人で入浴することができる	②見守りや声かけがあれば入浴することができる	③一部支援が必要である	④常に支援が必要である	
		（4）衣類の着脱	①一人で衣類の着脱ができる	②見守りや声かけがあれば衣類の着脱ができる	③一部支援が必要である	④常に支援が必要である	
2	運動・感覚	（5）感覚器官（聞こえ）	①特に問題がなく聞こえる	②補聴器などの補助装具があれば聞こえる	③聞き取りにくい音がある / 過敏等で補助装具が必要である	④音や声を聞き取ることが難しい	
		（6）感覚器官（口腔機能）	①噛んで飲み込むことができる	②柔らかい食べ物を押しつぶして食べることができる	③介助があれば口を開き、口を閉じて飲み込むことができる	④哺乳瓶などを使用している / 口から食べることが難しい	
		（7）姿勢の保持（座る）	①一人で座り、手を使って遊ぶことができる	②手で支えて座ることができる	③身体の一部を支えると座ることができる	④座るために全身を支える必要がある	
		（8）運動の基本技能（目と足の協応）	①ケンケンが 3 回以上できる	②交互に足を出して階段を昇り・降りできる	③両足同時にジャンプし、転倒せずに着地できる	④階段は同じ足を先に出して昇る	⑤どの動きも難しい
		（9）運動の基本的技能（移動）	①一人で歩くことができる	②一人で歩くことはできるが近くでの見守りが必要である	③一人で歩くことができるが、手をつなぐなどのサポートや杖・保護帽などの補助具が必要	④一人で歩くことが難しい	
3	認知・行動	（10）危険回避行動	①自発的に危険を回避することができる	②声かけ等があれば危機を回避することができる	③危険を回避するためには、支援者の介入が必要である		
		（11）注意力	①集中して取り組むことができる	②部分的に集中して取り組むことができる	③集中して取り組むことが難しい		
		（12）見通し（予測理解）	①見通しを立てて行動することができる	②声かけがあれば見通しを立てて行動することができる	③視覚的な情報があれば行動することができる	④その他の工夫が必要	
		（13）見通し（急な変化対応）	①急な予定変更でも問題ない	②声かけがあれば対応できる	③視覚的な手掛かりがあれば対応できる	④その他の工夫やサポートが必要	
		（14）その他	①乱暴な言動はほとんどみられない	②乱暴な言動がみられるが、対処方法がある	③乱暴な言動がみられ、対処方法も特にない		
4	言語・コミュニケーション	（15）2 項関係（人対人）	①目が合い、微笑むことや、嬉しそうな表情をみせる	②訴えている（要求する）時は目が合う	③あまり目が合わない / 合っても持続しない	④ほとんど目が合わない	
		（16）表出（意思の表出）	①言葉を使って伝えることができる	②身振りで伝えることができる	③泣いたり怒ったりして伝える	④意思表示が難しい	
		（17）読み書き	①支援が不要	②支援が必要な場合がある	③常に支援が必要		
5	人間関係・社会性	（18）人との関わり（他者への関心興味）	①自分から働きかけたり、相手からの働きかけに反応する	②ごく限られた人であれば反応する	③自分から働きかけることはほとんどないが、相手からの働きかけには反応することもある	④過剰に反応する、または全く反応しない	
		（19）遊びや活動（トラブル頻度）	①ほとんどないか、あっても自分たちで解決できる	②トラブルがあっても、大人の支援があれば解決できる	③支援があっても、解決できる場面とできない場面がある	④トラブルが頻繁に起き、解決することも難しい	
		（20）集団への参加（集団参加状況）	①指示やルールを理解して最初から最後まで参加できる	②興味がある内容であれば部分的に参加できる	③支援があればその場にはいられる	④参加することが難しい	

出典：「障害児通所給付費に係る通所給付決定事務等について（令和 6 年 4 月版）【別紙 1-1】障害児の調査項目（5 領域 20 項目）」の内容を、
　　　中学生、高校生のみ対象部分等を一部省略して編集部にて作成。

児童発達支援事業所等が行う
モニタリングと計画の見直し

児童発達支援計画は、モニタリングにより実施状況を把握し、必要に応じて見直しをします。モニタリングのポイントを「児童発達支援ガイドライン」をもとにまとめます。

児童発達支援のモニタリングとは 支援計画の実施状況や達成度を観察し、必要があればこどもや保護者と面談して支援計画を見直す必要があるかを検討します。

モニタリングを行い、計画見直しの必要性を判断する

- 児童発達支援計画は、概ね6か月に1回以上モニタリングを行うことになっているが、こどもの状態や家庭状況等に変化があった場合には、6か月を待たずしてモニタリングを行う。
- モニタリングは、目標達成度を評価して支援の効果を測定していくためのものであり、単に達成しているか達成していないかを評価するものではない。提供した支援の客観的評価を行い、児童発達支援計画の見直しの必要性を判断する。

障害児相談支援事業所と児童発達支援事業所の情報共有が重要

- 障害児支援利用計画との整合性のある、児童発達支援計画の作成と児童発達支援の実施が重要であることから、モニタリング時においても、障害児相談支援事業所と相互連携を図りながら、情報共有を行うことが重要である。

児童発達支援計画の見直しは、支援内容等が合っていたか別の課題があるか判断して行う

- モニタリングにより、児童発達支援計画の見直しが必要であると判断された場合は、児童発達支援計画の積極的な見直しを行う。
- 見直しは、支援目標の設定が高すぎたのか、支援内容が合っていなかったのか、別の課題が発生しているのか等の視点で、これまでの支援内容等を評価し、今後もその支援内容を維持するのか、変更するのかを判断していく。
- 現在提供している児童発達支援の必要性が低くなった場合は、児童発達支援計画の支援目標の変更や児童発達支援の終結を検討する。

支援目標の変更や支援の終結には、障害児支援利用計画の変更等を促す

- 児童発達支援計画の支援目標の大幅な変更や児童発達支援の終結に当たっては、事業所等から家族や障害児相談支援事業所、保育所等の関係機関との連絡調整を実施し、障害児支援利用計画の変更等を促す。
- 保育所等への移行など、他の機関・団体に支援を引き継ぐ場合は、これまでの児童発達支援の支援内容等を、適切に情報提供する。

●モニタリングシート（例）

モニタリングシートの様式に定めはなく、自治体や各事業所等で様々な様式が使用されています。
以下では、支援計画に沿って考察を記入する、モニタリングシートの記載例を紹介します。

利用者			作成日	年	月	日	計画者		作成回数	回目

	項目	支援目標 （具体的な達成目標）	5領域	担当者 提供機関	目標 達成度	評価	考察	優先 順位
1	本人支援	スタッフと一緒に過ごせる。	人間関係・社会性	保育士	達成	終了	スタッフと安心して過ごすことができています。 広いスペースでは、だんだん行動範囲が広がってきており、探索行動も出てきました。	1
2	本人支援	事業所でいろいろなことを知り、スタッフとコミュニケーションをとれる。	言語・コミュニケーション	保育士	一部達成	継続	本人に何かを伝える時は、実物を見てもらい、「〇〇するよ」と伝えると、自ら行動に移すことができるようになってきています。	4
3	本人支援	いろいろなスタッフと過ごし、いろいろな遊びを楽しめる。	健康・生活	保育士	達成	継続	いろいろなスタッフと関わって遊んでいます。 少しずつ自分の要求も出せるようになり、何かをしてほしい時はスタッフの手を引いて連れていったり、声を出しています。	5
4	本人支援	たくさん身体を動かして遊んだり、様々な物を見たり触れたりできる。	運動・感覚	保育士	一部達成	修正	マットでジャンプをしたり、自分の行きたい所に小走りで行く姿が出てきました。高い所へ上ることが好きで、窓辺に玩具を持っていき、そこへ上って眺めることを楽しんでいます。 いろいろな物に触れたい気持ちはありますが、柔らかい物には少し抵抗があるようです。回る物、ゆっくり動く物が好きです。	3
5	本人支援	いろいろな玩具を触り遊べる。	認知・行動	保育士	達成	継続	いろいろな玩具にも興味が出始め、自分から玩具を選んで触れたり、スタッフが遊び方を提示すると見ることができるようになってきました。	2
6	家族支援	支援法などについて、保護者と話をする。		児童発達支援管理責任者、保護者	一部達成	継続	実際の支援場面を見ていただき、現在の成長ぶりや、スタッフとの関わり方を話しています。	
7	移行支援	集団の生活に慣れるための活動を行う。		児童発達支援管理責任者就園先の園長、保護者	一部達成	継続	小集団の生活に慣れてきました。個別の声かけは必要ですが、少しずつスタッフや他児の動きを見て何をする時なのかが分かってきたようです。 保護者と就園先に出向き、園長と話をしたり、体験も行いました。	
8	地域支援・地域連携	関係機関と連携をとっていく。		児童発達支援管理責任者、〇〇相談支援事業所、△△小児科	一部達成	継続	サービス担当者会議を開催し、本人の現在の発達段階の確認と支援方法を共有しました。園訪問を行ったので、その内容もお伝えしました。	

長期目標	●スタッフと一緒にいろいろな遊びや活動を楽しむ。 ●身体をたくさん動かして遊ぶ。 ●いろいろな物に興味を持って見たり触ったりする。
長期目標に対する考察	これまで同じスタッフが関わってきましたが、少しずつ複数のスタッフとも関われるようになってきました。今後もいろいろなスタッフが支援方法を統一しながら関わっていきます。運動スペースでは行動範囲も広がってきており、自分の行きたい所や目に入った物の所へ行くなどして楽しんでいます。また、高い所に上ることも好きで、玩具を積んでその上に登るなど、少しずつ目的を持って行動をすることも増えてきました。自分の好きな感触があり、回る物やゆっくり動く物に興味を持っています。反対に柔らかいものは苦手ですが、スタッフの触っているところを見たり、少しずつ触れていくことで無理なくいろいろな感触に触れることができるようにしていきます。また、「何かをしたら変化が起きた」を実感できる玩具を提供していき、少しずつ目的を持って遊ぶことができるようにしていきます。
短期目標	●スタッフと一緒に過ごす中で「楽しい」「面白い」の経験を積む。 ●分かることが増える。 ●いろいろな感覚に触れることを楽しむ。
短期目標に対する考察	事業所の流れはよく分かっており、活動の流れにのって生活ができています。 手を洗う、おやつを食べる、部屋を移動するなどは、物を見たり、写真を見たりすることで、何をするのかが分かっているので、引き続き行っていくことで分かることを増やしていきます。
本人の希望	いろいろな玩具で遊びたい。早く幼稚園に行きたい。
ご家族の要望	就園までに、自分で服を着たり、トイレに行ったり、いろいろなことがもっとできるようになってほしいです。 友達との関係はまだ難しいと思いますが、少しずつ友達と一緒に過ごせたらいいです。 給食を食べられるか心配です。少しでも食べられる物が増えたらいいと思います。
関係者の要望	就園先：事業所での様子を見せてもらいたい。関わり方を教えてほしい。定期的に園の様子を見てもらいアドバイスがほしい。 相談支援事業所：園に行ったら、まずは園生活に慣れるようにしてほしい。園生活に慣れ少し余裕が出てきたら、事業所の通所を再開してはどうか。

Chapter 1 個別支援計画作成の流れと評価

支援時間による報酬算定の見直し

「令和6年度障害福祉サービス等報酬改定」では、児童発達支援と放課後等デイサービスにおけるこどもを支援する時間区分の創設と、延長支援加算の見直しがありました。提供した支援の対価として事業者に支払われる基本報酬は、個別支援計画に定められた支援時間に応じて算定されるため、個別支援計画に支援の提供時間、延長支援時間を明記する必要があります。これらの時間は個別支援計画別表（P.23）に定めてもよいとされています。

●「時間区分」の創設

時間区分	計画時間
時間区分1	30分以上1時間30分以下
時間区分2	1時間30分超3時間以下
時間区分3	3時間超5時間以下

発達支援に対するきめ細かな評価をする観点から、新たに支援の提供時間の区分が設けられました。3つに分けられた時間区分により、基本報酬が算定されます。

※主として重症心身障害児を通わせる事業所、共生型、基準該当の基本報酬については、時間区分は導入しない。

ポイント

1 個別支援計画に提供時間を明記

個別支援計画に、個々のこどもの支援に要する時間を明記し、時間に応じて基本報酬を算定する。

2 提供時間が短くなったら、利用者都合は計画時間、事業所都合は実利用時間で算出

実際に支援に要した支援時間（以下、実利用時間）が個別支援計画より短くなった場合、利用者都合の時は計画に明記した提供時間により算定。事業所都合の時は実利用時間により算定する。

3 30分未満の支援でも条件を満たせば算出可

30分未満は、算定対象から原則除外することとしているが、周囲の環境に慣れるために支援を短時間にする必要がある等の理由により、市町村（特別区を含む）が認めた場合には、30分未満の支援についても算定を可能とする。

4 実利用時間の記録が必要

実利用時間は、サービス提供実績記録票に記録することが必要。個別支援計画に明記した時間と実利用時間に乖離がある状態が継続する場合は、個別支援計画の見直しを行うこと。

※サービス提供実績記録票とは、サービスの提供実績を記録する書類で、報酬の算定に必要。

● 延長支援加算の時間区分

延長時間	1時間以上2時間未満
延長時間	2時間以上
延長時間	30分以上1時間未満

児童発達支援では、5時間（時間区分3）を超える長時間の支援について、預かりニーズに対応した延長支援として、評価が行われることになりました。

※延長時間30分以上1時間未満の場合は、利用者の都合等で延長時間が計画よりも短くなった場合に限り算定可能。

ポイント

1　1時間以上の支援を前提に個別支援計画に明記

延長支援は1時間以上が前提。個別支援計画に明記し、計画的な実施が求められる。

2　提供時間の前後1時間以上

個別支援計画に明記した提供時間の前もしくは後、それぞれ1時間以上となるように実施（提供時間前30分と後30分で「合算して1時間」とすることはできない）。

3　計画時間より短くなったら実利用時間で算定

個別支援計画より延長時間が短くなった場合は、その理由にかかわらず、実利用時間の区分で算定する。

4　延長支援時間は職員配置2人以上に

安全確保の観点から職員2人以上を配置（うち1人以上は運営基準に定める人員を配置。児童発達支援管理責任者でも可）。

5　緊急的な預かりニーズに対応できる

緊急的に預かりニーズが生じた場合の延長支援については、急遽延長支援を必要とした理由等について記録を残すことにより算出できる。

個別支援計画別表の記入例

「令和6年度障害福祉サービス等報酬改定」にともない、「（別紙2）個別支援計画別表（記入例）」が示されました。以下では、その内容を紹介します。

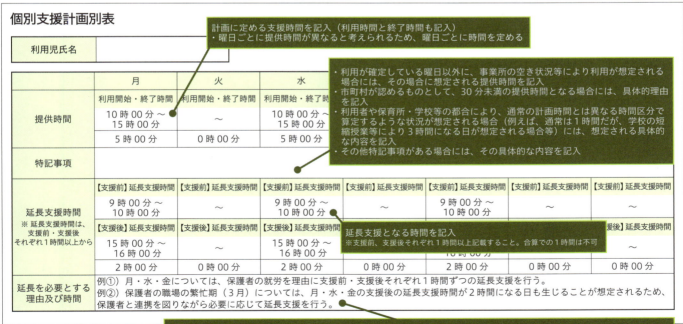

出典：「令和6年度障害福祉サービス等報酬改定に伴う児童発達支援及び放課後等デイサービスにおける個別支援計画の取扱いの変更について（令和6年3月15日事務連絡）」「（別紙2）個別支援計画別表（記入例）」より

column 2

児童発達支援から放課後等デイサービスへの連携

　放課後等デイサービス（以下、放デイ）は基本的に小学生～高校生までの生徒児童が通う障害児通所支援事業所です。学童保育（以下、学童）と併用したり、複数の放デイ事業所と契約したりして、放課後や長期休暇中の居場所と支援を受ける機会を確保することになります。近年、放デイは慢性的な供給不足となっており、こどもが4歳の頃から就学後の放デイを探し始める保護者も珍しくありません。児童発達支援としては、就学先を考える保護者の相談に乗る場合がありますが、就学後の継続的支援や支援先の検討についても、アドバイスできれば最善です。

　園と学校で生活や学びの内容が違うように、児童発達支援と放デイでも支援内容が変わります。特に小学校2年生以降は学習支援も重要になってきます。特性によって授業に集中できなかったり、授業方法がその子に合わなかったりして、結果として基礎学力が低下する場合があるためです。

　また、就学後は年齢や体格などの影響も多分に受け、発達の個人差が大きくなるため、曜日や事業所ごとにある程度学年で分けて支援する場合が少なくありません。級友や先生、学童が本人に合わないケースも多く、学年が上がれば思春期特有の悩みを抱えることもあり、保護者や障害児相談支援事業所との連絡・連携内容も幅が広がっていきます。

　児童発達支援から放デイへの連携では、児童発達支援で慣れた職員や建物などの環境が、放デイに行くと変わることをどのように本人に伝えていくかが重要です。慣れ親しんだ園や児童発達支援を離れ、就学先と放デイという新しい環境を受け入れるには相当なストレスがかかります。就学前から放デイへ複数回体験に行き、場の雰囲気や支援員に慣れるようにできれば望ましいでしょう。

　同一法人内で児童発達支援と放デイを実施する多機能型事業所では、職員や場所の変化が比較的少ないため、こどものストレスは軽減されます（法人内で児童発達支援と放デイの支援員の異動があれば、こどもは知っている支援員がいることで安心できます）。

　また、特定の場面で特性が強く出やすいか、園や事業所でどのようなトラブルが起こりやすかったかなど、こどもの特性や姿を児童発達支援と放デイで共有できれば、放デイでの支援のヒントになります。ただし、園と児童発達支援が積極的に連携できない場合も多いでしょうから、情報共有の範囲等をあらかじめ確認し、児童発達支援から放デイへ共有するとよいでしょう。

　学年が上がるごとにスポーツクラブへの加入や一人で家に居る時間の増加などで放デイの利用は減っていきますが、学校や学童にとどまらず社会全体として、こどもを取り囲む環境の質向上に期待したいところです。

toi toi toi 2nd（児童発達支援・放課後等デイサービス）

施設管理責任者　椛沢伊知郎

chapter

2

個別支援計画の記載にあたって

令和6年度ガイドライン改訂に対応

個別支援計画の記載ポイント

令和6年の「児童発達支援ガイドライン」改訂は、「令和6年度障害福祉サービス等報酬改定」を受けたものです。ここでは、報酬改定とともに示された「（別紙1）個別支援計画の記載のポイント」「（別紙2）個別支援計画の記載のポイント　参考様式版」「（別紙3）個別支援計画（参考記載例）」の記載内容に沿って、ポイントを解説します。

個別支援計画全般に係る留意点

「（別紙1）個別支援計画の記載のポイント」の「個別支援計画全般に係る留意点」に記載されている、5つの留意点を確認しながら、個別支援計画の作成にあたっての留意すべき大切なポイントを解説します。

ポイント1　こどもの意思の尊重及び最善の利益の優先を考慮する

記載原文

○　個別支援計画の作成に当たっては、こどもの意思の尊重（年齢及び発達の程度に応じた意見の尊重等）及びこどもの最善の利益の優先考慮の観点を踏まえて作成することが必要である。

解説　個別支援計画作成には2つの観点が必要

- こどもの意思の尊重
- こどもの最善の利益の優先

個別支援計画の目的は、こどもが充実した毎日を過ごし、望ましい未来をつくり出すために適切な支援をするためのもの。忘れてはいけないことは、主たる当事者はこども本人ということです。本人にはいろいろな思いがあり、中には自分の言葉で表せない場合もあるでしょう。その思いを見落とさずにくみ取りながら、こどものための計画であるという本来の目的を見失わないことが重要です。

出典（P.26～39記載原文）：「令和6年度障害福祉サービス等報酬改定に伴う個別支援計画作成にあたっての留意点及び記載例について（令和6年5月17日事務連絡）」「（別紙1）個別支援計画の記載のポイント」「（別紙2）個別支援計画の記載のポイント　参考様式版」より

ポイント2 こどもと家族の意向、アセスメントを踏まえる

記載原文

○ それぞれの記載項目について、こどもと家族の意向とアセスメントを踏まえて、つながりを持って作成していくことが必要である。「利用児及び家族の生活に対する意向」も踏まえて「総合的な支援の方針」を設定し、それを受けた「長期目標」「短期目標」、それを達成するための「支援目標及び具体的な支援内容等」を設定すること。

解説

1 こどもの意向
2 家族の意向
3 アセスメント

→ 「利用児及び家族の生活に対する意向」に記入（3つを踏まえる）

→ 「総合的な支援の方針」
　↙　↘
「長期目標」「短期目標」を設定

→ 目標を達成するための「支援目標及び具体的な支援内容等」を設定

個別支援計画は、こどもの「こうなりたい、こうしたい」という意向とともに、家族の意向も踏まえて作成します。保護者は、こどもに「こうなってほしい」という願いを持って事業所等を訪れます。面談等でヒアリングしたこどもと家族の意向及びアセスメントによるこどもの状況や課題などの情報をもとに、支援の方針から目標、内容につながりを持たせて設定していきます。

ポイント3 5領域の視点を踏まえたオーダーメイドの支援

記載原文

○ 5領域（「健康・生活」「運動・感覚」「認知・行動」「言語・コミュニケーション」「人間関係・社会性」以下同じ。）の視点等を踏まえたアセスメントを行った上で、5領域の視点を網羅した支援を行うことが必要である。この際、5領域の視点を持ちながら、こどもと家族の状況を多様な観点・情報から総合的・包括的に確認・分析してそのニーズや課題を捉え、そこから必要な支援を組み立てていくことが重要であり、単に5領域に対応する課題や支援への当てはめを行うだけのアセスメント・計画作成にならないよう留意すること。

　なお、発達支援は個々のこどもへのアセスメントを踏まえたオーダーメイドの支援を行うものであり、支援目標や支援内容がそれぞれのこどもについて同一のものとなることは想定されないこと。

解説は次ページへ➡

- 健康・生活
- 運動・感覚
- 認知・行動
- 言語・コミュニケーション
- 人間関係・社会性

5領域の内容はP.41～42へ

5領域 の視点を踏まえたアセスメント → ニーズや課題を捉える → 個々のこどもへの**オーダーメイド**の支援を組み立てる

個別支援計画では、個々のこどもの発達段階や特性等を把握し、オーダーメイドの総合的な支援を組み立てることが必要です。そのためには、こどもを多様な視点から分析し、ニーズや課題を捉えなければなりません。そこで重要となるのが、5領域の視点を踏まえたアセスメントであり、5領域の視点を網羅した支援です。

NG
5領域に対応した課題や支援 → 計画に当てはめる

ポイント4　4つの支援内容を記載

記載原文

○「支援目標及び具体的な支援内容等」においては、発達支援の基本となる「本人支援」「家族支援」「移行支援」について必ず記載すること。また、「地域支援・地域連携」（例：医療機関との連携等）については、必要に応じて記載することとするが、関係者が連携しながらこどもと家族を包括的に支援していく観点から、当該事項についても積極的に取り組むことが望ましい。

解説

こどもは家庭や地域社会における生活を通じて、様々な体験等を積み重ねながら育っていくことが重要です。そのため、右の4つの支援をあわせて行っていくことが求められます。

- **本人支援**：こどもの育ち全体に必要な支援
- **家族支援**：親子関係や家庭生活を安定・充実させる支援
- **移行支援**：地域の保育、教育等を受ける支援
- **地域支援・地域連携**：保健・医療・福祉等、関係機関と連携した支援

本人支援・家族支援・移行支援 → 必ず記載
地域支援・地域連携 → 必要に応じて記載

→「支援目標及び具体的な支援内容等」

ポイント5 アセスメント・モニタリングによる計画作成と見直し

記載原文

○ アセスメントに基づくこどもの状態像の把握を適時に行いながら、PDCAサイクル（Plan（計画）→ Do（実行）→ Check（評価）→ Action（改善）で構成されるプロセス）により支援の適切な提供を進めることが必要である。個別支援計画の作成後も、こどもについての継続的なアセスメントによりこどもの状況等について把握するとともに、計画に基づく支援の実施状況等の把握を行い、モニタリングの際には、作成した個別支援計画に定めた支援目標に対する達成状況等の評価を行い、これを踏まえて個別支援計画の見直しを行うこと。
　この観点からは、支援目標や支援内容の記載が長期にわたり同一であることは想定されないこと。

解説

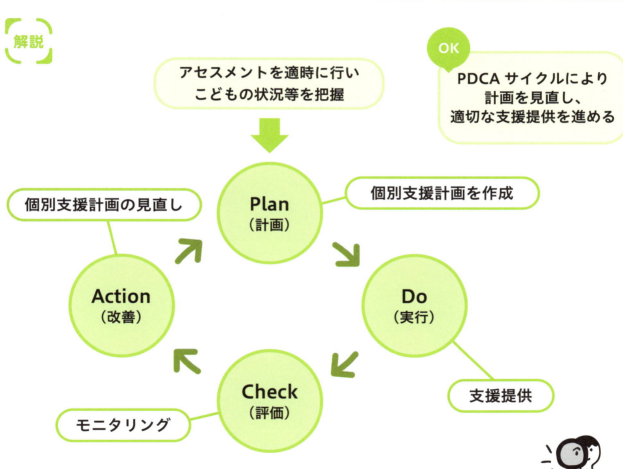

OK PDCAサイクルにより計画を見直し、適切な支援提供を進める

NG 評価や見直しが行われず、支援目標や支援内容の記載が長期にわたり同一である

個別支援計画は、計画作成後もアセスメントを継続的に行いながら、こどもの状況を把握し、モニタリングで支援の実施状況や支援目標の達成度を観察、改善を加えていくことで、支援の質が向上します。「児童発達支援ガイドライン」では、概ね6か月に1回以上モニタリングを行うことと示されていますが、必要があると判断した場合は、6か月を待たず、計画を見直し、改善することが重要です。

各記載項目の留意点と記載例

個別支援計画書

利用児氏名：○ ○ ○ ○（2019 年 4 月 30 日生：5 歳 0 か月）

1 P.32 へ

利用児及び家族の生活に対する意向	・楽しく遊びたい（本人）。 ・場面に合った行動を自分で気付いて行えるようになってほしい（保護者）。

2 P.32 へ

総合的な支援の方針	○○さんは、ことばよりも視覚的な手掛かりの方が理解しやすいと見立てています。て捉えられることがあるようです。視覚的な情報処理が優位という特性を活かし、手る手段（例：複数の絵カードや具体物の中から指差しをする、該当するカードや具体みながら丁寧に積み重ねていきます。こうした取組を中心に保育園とも情報共有を行

3 P.33 へ

長期目標（内容・期間等）	・視覚的なスケジュールを手掛かりに指示を理解し、わからない時には様々なコミュニとができる。

4 P.33 へ

短期目標（内容・期間等）	・見える化された手順やスケジュールを大人と一緒に確認し、設定活動時に自分で動け ・大人が介在する中で、絵カードやイラスト等を用いて、「これで遊びたい」等の具体

○支援目標及び具体的な支援内容等　**6** P.33 へ　**8** P.34 へ　**9** P.34 へ

7 P.34 へ

項目	支援目標（具体的な到達目標）	支援内容（内容・支援の提供上のポイント・5領域（※）との関連性等
本人支援	「どうぞ」と言われてから活動に取り組み、遊具に合わせた体の調整ができるようになる。	・活動前に全体を指差しする等を行い、全体を見渡す機会を設けてから声をかける。 ・手の平、足の裏、お尻等体を支えたり、接地している感覚をつかみやすくするため、つかむ・支える・滑る等の要素を取り入れた遊具遊びを提供する。
本人支援	嫌な時やお願いをする時に、身振りやことばで伝えることができる。	・具体的な伝え方のモデルを大人が示す。 ・簡単なやり取りを端的に都度促していく（本人がストレスをため込まないように、執拗な繰り返しは行わない）。 ・本人からの表出や要求に可能な限り応え、伝わったことの楽しさを伝えていく。
本人支援	「できた」という実感を持てるよう、以下の取組を行う。 ・食事：スプーン、フォーク、箸を使って、潰す、切る、混ぜる等の遊びの要素を強調して行う。 ・衣類の着脱：どのような形であれ、身にまとうことができる。	・道具の使用と手の操作性を強調して提供する。特に着脱は、外遊びや水遊び等、本人が楽しめる活動の前に重点的に取り組む。 ・服を頭上に掲げる程度の行動を促すところから、スモールステップで始めていく。 ・身だしなみや整え方の観点は次のステップとし、大人がサポート・仕上げを行う。
本人支援	コミュニケーションのレパートリーが拡がり、自らやり取りすることが増える。	・自信を持って取り組める活動に担任以外の職員と参加する。 ・活動内容を絵やシンボル等での紹介を通し、選択肢から選ぶことや表現する機会を設ける。
本人支援	日常的な場面で、同年代のこども（クラスの友達）の行動を意識する場面が増える。	・トイレで用を足す、着替える、食事の後や玩具の片付けを行う。 ・椅子を所定の位置に持ってくる場面において、見本になるこどもの近くに誘う等の関わり・促しを行う。
家族支援	日常生活において、本人の意思を大切にしながら、やり取りをする場面を増やす。	・本人が自分で考えたり選んだりすることができるように、一呼吸おいてから次の提案をしたり、具体的な選択肢を2つ提示して選ぶ機会を設ける等、具体的な方法をお伝えし、実践していただく。 ・本人のコミュニケーションや判断する仕草等を、個別支援の場面の観察や面談の機会などを通じてお伝えし、共有する。
移行支援	日常的な連携に加え、特に行事等の際には、説明の方法や促し方について共有を図る。	・必要に応じて保育園を訪問し、行事等、普段と異なる活動の際のこどもとの関わりについて、具体的な関わり方のモデルを示す。 ・保育園の連絡と当事業所の連絡内容を相互に確認し、日々の様子を交換する（保育園からの電子連絡については、お手数ですがスクリーンショット等を送ってください）。
地域支援・地域連携	関係機関で役割分担を行うと共に、それぞれの機関で得られた情報を共有し、日常的な生活や支援に活用するための具体策を提案する。	・連携会議を定期的に開催し、情報収集・役割分担について協議する。 ・各関係機関からの情報に基づき、具体的な場面でのこどもとの関わり方の提案や関わり方のポイントについて助言を行う。

提供する支援内容について、本計画書に基づき説明しました。

児童発達支援管理責任者氏名：

出典：「令和6年度障害福祉サービス等報酬改定に伴う 個別支援計画作成にあたっての留意点及び記載例について（令和6年5月17日事務連絡）」「（別紙3）個別支援計画（参考記載例）」より

ここからは、「（別紙３）個別支援計画（参考記載例）」を「（別紙１）個別支援計画の記載のポイント」の「各記載項目の留意点」、「（別紙２）個別支援計画の記載のポイント　参考様式版」に示された記載原文とともに見ていきます。下に示した番号ごとに、次ページからひとつずつ取り上げていきます。

（参考記載例）

作成年月日：　　　年　　月　　日

このため、目の前の情報が動きに繋がりやすく、説明の理解が曖昧なまま活動に取り組む様子が見られ、集団での活動等の流れに沿わない行動とし順や活動の流れを視覚化・スケジュール化（構造化）することで、より確実な理解を促していきます。また、本人の気持ちをタイムリーに表現でき物を大人に手渡す等）により、まずは大人とのやり取りの中で、「（言われていることが）わかった−（言いたいことが相手に）伝わった」経験を楽しい、必要に応じて訪問等の方法により連携を図り、保育園での生活の中でも、より多くの「わかった」「できた」に繋がるように支援していきます。

ケーション手段を用いて、大人に聞くこ

るようになる。

的な意思を友達に表現できるようになる。

支援の標準的な提供時間等（曜日・頻度、時間） 〔 **5** 〕 P.33 へ

・個別：毎週月曜日 14:30-15:15（空き状況によって週２回の利用有）
　心理担当職員（月３回）、作業療法士担当（月１回）
・小集団：毎週水曜日　9:15-14:45（保護者都合により２時間の延長支援の可能性有）

	〔 **10** 〕 P.38 へ 達成 時期	〔 **11** 〕 P.38 へ 担当者 提供機関	〔 **12** 〕 P.38 へ 留意事項	〔 **13** 〕 P.39 へ 優先 順位
人間関係・社会性 運動・感覚	６か月後	作業療法士 保育士	専門的支援実施加算については、別紙参照。	2
認知・行動 言語・ コミュニケーション	６か月後	心理担当職員	・保護者に対して具体的な接し方の例を示す時間（５月に心理担当 　職員による個別面談）を設ける。 ・専門的支援実施加算については、別紙参照。	2
健康・生活	３か月後	保育士 理学療法士	６月に予定している家庭訪問の時に、ご家庭で着替えている場面 を見させていただく。	3
言語・ コミュニケーション	６か月後	心理担当職員 保育士 理学療法士	個別での取組が小集団でも行えるよう、小集団担当者と定期的に （月に１回）情報共有を行う。	1
人間関係・社会性	６か月後	保育士 理学療法士		3
	６か月後	心理担当職員 保護者	・子育てサポート加算：月１回の頻度を想定し、担当者との具体的 　なやり取りをモデルにしながら、家庭での実践の様子を踏まえた 　フィードバックを行う。 ・家族支援加算（Ⅱ）：月１回の頻度で子育てに関する講座をグルー 　プワークにて実施。	
	６か月後	児童発達支援管理責任者、 ○○保育園△△先生、 保護者	保護者の意向も確認しながら三者で連携を図る点に留意する（行 事のスケジュールの共有も含む）。	
	６か月後	児童発達支援管理責任者、 支援担当者、 ○○保育園◇◇園長先生、 △△先生	関係機関連携加算（Ⅱ）：３ヶ月に１回程度の頻度で連携会議の開 催を予定。	

※「健康・生活」、「運動・感覚」、「認知・行動」、「言語・コミュニケーション」、「人間関係・社会性」

本計画書に基づき支援の説明を受け、内容に同意しました。

　　　年　　月　　日　　　　　（保護者署名）　　　　　　　　　　　　　　　 押印廃止

1 利用児及び家族の生活に対する意向

記載原文
○ こども本人や家族の意向を聴いた上で、家族より得た情報やこどもの発達段階や特性等を踏まえて、整理して記載する。

記載例

利用児及び家族の生活に対する意向	・楽しく遊びたい（本人）。 ・場面に合った行動を自分で気付いて行えるようになってほしい（保護者）。

2 総合的な支援の方針

記載原文
○ 1年間を目途に（それ以上の期間も可）、以下の観点も踏まえながら、こどもや家族、関係者が共通した状況や課題への認識と支援の見通しやイメージを持つことができるよう、事業所としてのこども等の状況の見立てとどのように支援をしていくのかという方針を記載する。
・障害児支援利用計画、障害児支援担当者会議（セルフプランの場合には、事業所間連携加算等も活用し、複数の利用事業所を集めた支援の連携のための会議）で求められている事業所の役割
・支援場面のみではなく、家庭や通っている保育所や幼稚園、放課後児童クラブ等（以下「保育所等」という。）、学校等での生活や育ちの視点
・保育所等の併行利用や移行、同年代のこどもとの仲間づくり等のインクルージョン（地域社会への参加・包摂）の視点
・こどもが事業所を継続的に利用している場合には、個別支援計画のモニタリング結果を踏まえたPDCAサイクルによる支援の適切な提供の視点

記載例

総合的な支援の方針	○○さんは、ことばよりも視覚的な手掛かりの方が理解しやすいと見立てています。このため、目の前の情報が動きに繋がりやすく、説明の理解が曖昧なまま活動に取り組む様子が見られ、集団での活動等の流れに沿わない行動として捉えられることがあるようです。視覚的な情報処理が優位という特性を活かし、手順や活動の流れを視覚化・スケジュール化（構造化）することで、より確実な理解を促していきます。また、本人の気持ちをタイムリーに表現できる手段（例：複数の絵カードや具体物の中から指差しをする、該当するカードや具体物を大人に手渡す等）により、まずは大人とのやり取りの中で、「（言われていることが）わかった-（言いたいことが相手に）伝わった」経験を楽しみながら丁寧に積み重ねていきます。こうした取組を中心に保育園とも情報共有を行い、必要に応じて訪問等の方法により連携を図り、保育園での生活の中でも、より多くの「わかった」「できた」に繋がるように支援していきます。

3 長期目標（内容・期間等）

記載原文
○ 総合的な支援の方針で掲げた内容を踏まえ、概ね1年程度で目指す目標を設定して記載する。

記載例

| 長期目標（内容・期間等） | ・視覚的なスケジュールを手掛かりに指示を理解し、わからない時には様々なコミュニケーション手段を用いて、大人に聞くことができる。 |

4 短期目標（内容・期間等）

記載原文
○ 長期目標で掲げた内容を踏まえ、概ね6か月程度で目指す目標を設定して記載する。

記載例

| 短期目標（内容・期間等） | ・見える化された手順やスケジュールを大人と一緒に確認し、設定活動時に自分で動けるようになる。
・大人が介在する中で、絵カードやイラスト等を用いて、「これで遊びたい」等の具体的な意思を友達に表現できるようになる。 |

5 支援の標準的な提供時間等（曜日・頻度、時間）

記載原文
・利用曜日・提供時間等を記載。
・計画及び延長時間を別表で定めることも可。

記載例

支援の標準的な提供時間等（曜日・頻度、時間）

・個別：毎週月曜日 14:30-15:15（空き状況によって週2回の利用有）
　心理担当職員（月3回）、作業療法士担当（月1回）
・小集団：毎週水曜日　9:15-14:45（保護者都合により2時間の延長支援の可能性有）

6 支援目標及び具体的な支援内容等

記載原文
○ こどもの利用頻度や発達の程度に応じて、欄の増減等のアレンジは適宜行うこととして差し支えない。

7 項目

記載原文

○ 「本人支援」「家族支援」「移行支援」「地域支援・地域連携」を項目欄に記載する。

○ 「本人支援」「家族支援」「移行支援」については必ず記載する。「地域支援・地域連携」については、必要に応じて記載することとするが、各事業所において積極的に取り組むことが望ましい。

8 支援目標（具体的な到達目標）

記載原文

○ 支援期間終了の際（モニタリング時）に、到達できているであろう「こども本人や家族の状況」を具体的な到達目標として記載する。

○ こども本人や家族の意向等だけでなく、アセスメントの結果も踏まえて、必要と考えられる支援ニーズも含めて目標設定を行うこと。

○ 到達目標については、主語はこども本人や家族となるよう記載することを基本とする。
　なお、「移行支援」及び「地域支援・地域連携」については、支援方針の立て方や連携体制のとり方によって、主語が事業所・関係機関・関係者等にもなりうるため、柔軟に取り扱うこと。

9 支援内容（内容・支援の提供上のポイント・5領域との関連性等）

記載原文

○ 支援目標（具体的な到達目標）で設定した目標に向けて、事業所がどのような支援、工夫、配慮を行うのかを具体的に記載する。

○ 「本人支援」については、具体的に設定した支援内容と5領域との関連性を記載する。支援内容と関連する5領域が複数にまたがる場合には、関連する領域を全て記載する。

○ 「家族支援」「移行支援」「地域支援・地域連携」については、家族や関係機関への具体的な働きかけや取組等について記載する。なお、これらの項目については5領域との関連性の記載は不要である。

本人支援

記載原文

○ アセスメントやモニタリングに基づき、こどもが将来、日常生活及び社会生活を円滑に営めるようにする観点から、本人への発達支援について、5領域との関連性を含めて記載する。
○ 5領域との関連性については、5つの領域全てが関連付けられるよう記載すること。相互に関連する部分、重なる部分もあると考えられるため、5つの欄を設けて、個々に異なる目標を設定する必要はないが、各領域との関連性についての記載は必ず行うこと。
○ 保育所等との併行利用や複数の障害児通所支援事業所を組み合わせて利用している場合は、保育所等や他の事業所での支援内容とお互いの役割分担を踏まえた上で、自事業所における支援について記載する。

記載例

項目	支援目標 （具体的な到達目標）	支援内容 （内容・支援の提供上のポイント・5領域（※）との関連性等）	
本人支援	「どうぞ」と言われてから活動に取り組み、遊具に合わせた体の調整ができるようになる。	・活動前に全体を指差しする等を行い、全体を見渡す機会を設けてから声をかける。 ・手の平、足の裏、お尻等体を支えたり、接地している感覚をつかみやすくするため、つかむ・支える・滑る等の要素を取り入れた遊具遊びを提供する。	人間関係・社会性 運動・感覚
本人支援	嫌な時やお願いをする時に、身振りやことばで伝えることができる。	・具体的な伝え方のモデルを大人が示す。 ・簡単なやり取りを端的に都度促していく（本人がストレスをため込まないように、執拗な繰り返しは行わない）。 ・本人からの表出や要求に可能な限り応え、伝わったことの楽しさを伝えていく。	認知・行動 言語・コミュニケーション
本人支援	「できた」という実感を持てるよう、以下の取組を行う。 ・食事：スプーン、フォーク、箸を使って、潰す、切る、混ぜる等の遊びの要素を強調して行う。 ・衣類の着脱：どのような形であれ、身にまとうことができる。	・道具の使用と手の操作性を強調して提供する。特に着脱は、外遊びや水遊び等、本人が楽しめる活動の前に重点的に取り組む。 ・服を頭上に掲げる程度の行動を促すところから、スモールステップで始めていく。 ・身だしなみや整え方の観点は次のステップとし、大人がサポート・仕上げを行う。	健康・生活
本人支援	コミュニケーションのレパートリーが拡がり、自らやり取りすることが増える。	・自信を持って取り組める活動に担任以外の職員と参加する。 ・活動内容を絵やシンボル等での紹介を通し、選択肢から選ぶことや表現する機会を設ける。	言語・コミュニケーション
本人支援	日常的な場面で、同年代のこども（クラスの友達）の行動を意識する場面が増える。	・トイレで用を足す、着替える、食事の後や玩具の片付けを行う。 ・椅子を所定の位置に持ってくる場面において、見本になるこどもの近くに誘う等の関わり・促しを行う。	人間関係・社会性

家族支援

記載原文

○ こどもの成長・発達の基盤となる親子関係や家庭生活を安定・充実させる観点から、家族支援について記載する。

【家族支援の例】
・こどもの発達状況や特性の理解に向けた相談援助、講座やペアレントトレーニングの実施
・家族の子育てに関する困りごとに対する相談援助
・レスパイトや就労等の預かりニーズに対応するための支援
・保護者同士の交流の機会の提供（ピアの取組）
・きょうだいへの相談援助等の支援
・子育てや障害等に関する情報提供 等

記載例

項目	支援目標 (具体的な到達目標)	支援内容 (内容・支援の提供上のポイント・5領域（※）との関連性等)
家族支援	日常生活において、本人の意思を大切にしながら、やり取りをする場面を増やす。	・本人が自分で考えたり選んだりすることができるように、一呼吸おいてから次の提案をしたり、具体的な選択肢を2つ提示して選ぶ機会を設ける等、具体的な方法をお伝えし、実践していただく。 ・本人のコミュニケーションや判断する仕草等を、個別支援の場面の観察や面談の機会などを通じてお伝えし、共有する。

移行支援

記載原文

○ インクルージョン（地域社会への参加・包摂）を推進する観点から、支援の中に「移行」という視点を取り入れ、こどもや家族の意向等も踏まえつつ、保育所等の他のこども施策との併行利用や移行に向けた支援、同年代のこどもとの仲間づくり等の「移行支援」について記載する。

○ 移行支援は、必ずしも保育所等への具体的な移行だけを念頭に置くものではなく、入園・入学等のライフステージの切り替えを見据えた将来的な移行に向けた準備や、事業所以外の生活や育ちの場である保育所等の併行利用先や学校等での生活や支援の充実、こどもが地域で暮らす他のこどもと繋がりながら日常生活を送ることができるようにすること等、利用児童の地域社会への参加・包摂に係る支援が含まれるものであること。

【移行支援の例】
・保育所等への移行に向けた、移行先との調整、移行先との支援内容等の共有や支援方法の伝達、受入体制づくりへの協力や相談援助への対応等の支援
・具体的な移行又は将来的な移行を見据えて支援目標や支援内容を設定しての本人への発達支援（※）
・進路や移行先の選択についての本人や家族への相談援助や移行に向けての様々な準備の支援（※）

- 保育所等と併行利用を行っている場合や、就学児の場合に、こどもに対し障害特性等を踏まえた一貫した支援を行うため、併行利用先や学校等とこどもの状態や支援内容等についての情報共有や支援内容等（例：得意不得意やその背景の共有、声掛けのタイミング、コミュニケーション手段等）の擦り合わせを行う等の連携・支援の取組
- 地域の保育所等や子育て支援サークル、地域住民との交流　等

（※）移行支援の視点を持った本人支援や家族支援を行う場合、「項目」の欄は切り分けることなく、「本人支援」「家族支援」と「移行支援」を併記することで差し支えない。

記載例

項目	支援目標 （具体的な到達目標）	支援内容 （内容・支援の提供上のポイント・5領域（※）との関連性等）
移行支援	日常的な連携に加え、特に行事等の際には、説明の方法や促し方について共有を図る。	・必要に応じて保育園を訪問し、行事等、普段と異なる活動の際のこどもとの関わりについて、具体的な関わり方のモデルを示す。 ・保育園の連絡と当事業所の連絡内容を相互に確認し、日々の様子を交換する（保育園からの電子連絡については、お手数ですがスクリーンショット等を送ってください）。

地域支援・地域連携

記載原文

○　こどもと家族を中心に、包括的な支援を提供する観点から、そのこども・家族の生活や育ちの支援に関わる保健・医療・福祉・教育・労働等の関係機関や障害福祉サービス等事業所等と連携した取組について、記載する。
○　個別支援計画であり、計画の対象であるこども・家族への支援に係る取組を記載するものであることに留意すること。

【地域支援・地域連携の例】
- こどもが通う保育所等や学校等との情報連携や調整、支援方法や環境調整等に関する相談援助等の取組（※）
- こどもを担当する保健師や、こどもが通う医療機関等との情報連携や調整等の取組
- こどもに支援を行う発達障害者支援センターや医療的ケア児支援センター、地域生活支援拠点等との連携の取組
- こどもが利用する相談支援事業所や障害福祉サービス事業所、他の障害児通所支援事業所との生活支援や発達支援における連携の取組　等

（※）移行支援の取組として記載している場合は、再掲する必要はない。

記載例

項目	支援目標（具体的な到達目標）	支援内容 （内容・支援の提供上のポイント・5領域（※）との関連性等）
地域支援・地域連携	関係機関で役割分担を行うと共に、それぞれの機関で得られた情報を共有し、日常的な生活や支援に活用するための具体策を提案する。	・連携会議を定期的に開催し、情報収集・役割分担について協議する。 ・各関係機関からの情報に基づき、具体的な場面でのこどもとの関わり方の提案や関わり方のポイントについて助言を行う。

10 達成時期

記載原文

○ 支援目標を達成するために必要となる期間を設定する。
○ 個別支援計画については、6か月に1回以上の見直しが求められているため、達成時期についても最長6か月後までとする。1〜3か月で達成する目標も積極的に検討していくこと。

11 担当者・提供機関

記載原文

○ 主として支援を提供する担当者の氏名や職種等を記載する。
○ 「移行支援」や「地域支援・地域連携」において、関係機関との連携を行うことを支援内容として設定している場合には、具体的な連携先である機関名等を記載する。

12 留意事項

記載原文

○ 支援内容に設定した取組が、加算の算定を想定している取組である場合には、算定する加算や頻度等について記載する（例：子育てサポート加算、家族支援加算、関係機関連携加算等）。
○ 個別支援計画とは別途計画を作成することが必要な加算についても、個別支援計画との関連性を記載する（例：専門的支援実施加算、自立サポート加算等）。
○ 家族の役割、支援の進め方等、支援について補足事項があれば記載する。

記載例

項目	留意事項
本人支援	・保護者に対して具体的な接し方の例を示す時間（5月に心理担当職員による個別面談）を設ける。 ・専門的支援実施加算については、別紙参照。

項目	留意事項
移行支援	保護者の意向も確認しながら三者で連携を図る点に留意する（行事のスケジュールの共有も含む）。

項目	留意事項
家族支援	・子育てサポート加算：月1回の頻度を想定し、担当者との具体的なやり取りをモデルにしながら、家庭での実践の様子を踏まえたフィードバックを行う。 ・家族支援加算（Ⅱ）：月1回の頻度で子育てに関する講座をグループワークにて実施。

項目	留意事項
地域支援・地域連携	関係機関連携加算（Ⅱ）：3ヶ月に1回程度の頻度で連携会議の開催を予定。

※上記の留意事項の記載例は、支援目標、支援内容等の部分を省略しています。P.30〜31 個別支援計画書（参考記載例）にて全体を確認してください。

13 優先順位

記載原文

○ こどもや家族の意向も踏まえた上で、こどもの支援ニーズと課題、現在と当面の生活の状況等を踏まえて、「本人支援」の各支援内容に関して取組の優先順位を設定する。こどもの発達段階や特性等についてこどもや家族と共通理解を図り共に考えながら設定することが望ましい。

○ 優先順位として番号を振ることのほか、二重丸や丸等で優先度を示すこととしても差し支えない。また、優先度がつけられない又は判断できない場合には空欄にすることや、同一の番号とすることとしても差し支えない。

○ 「家族支援」「移行支援」「地域支援・地域連携」については、優先順位の記載は不要である。

PICK UP 加算の算定とは

P.38の「留意事項」の記載原文にある「加算の算定を想定している取組」とは、一定の要件を満たすとサービス利用料以外に追加で報酬が発生する支援のことです。「令和6年度障害福祉サービス等報酬改定」において、新設・見直し等が行われました。加算算定には様々なものがありますが、以下ではP.30〜31の参考記載例に記載されている加算について紹介します。

※各加算には限度回数があります。加算の単位は各加算によって変わります。

【専門的支援実施加算】
- 理学療法士等により個別・集中的な専門的支援を計画的に行った場合に加算。
- 理学療法士、作業療法士、言語聴覚士、保育士（※）、児童指導員（※）、心理担当職員（心理学修了等）又は視覚障害児支援担当職員（研修修了等）を1人以上配置（常勤換算）していること。
  （※）保育士・児童指導員は資格取得・任用から5年以上児童福祉事業に従事したものに限る。
- 専門的支援実施計画を作成して支援を行うこと。

【子育てサポート加算】
家族に支援場面の観察や参加等を提供し、こどもの特性や、特性を踏まえたこどもへの関わり方等に関して相談援助等を行った場合に加算。

【家族支援加算】
- 家族（きょうだいを含む）に対して、相談援助等を行った場合に加算。
- 家族支援加算には（Ⅰ）と（Ⅱ）がある。
（Ⅰ）個別に「居宅を訪問」「事業所等で対面」「オンライン」のいずれかで行った場合。
（Ⅱ）グループ（最大8世帯まで）で「事業所等で対面」「オンライン」のいずれかで行った場合。

【関係機関連携加算】
- こどもと家族に対して包括的な支援をするために、保育所等や児童相談所、医療機関等その他関係機関との情報共有や連絡調整などの連携を行った場合に加算。
- 関係機関連携加算は以下（Ⅰ）〜（Ⅳ）がある。
（Ⅰ）保育所等との個別支援計画に関する会議を開催し、連携して個別支援計画の作成等を行った場合。
（Ⅱ）保育所や学校等との会議等により情報連携を行った場合。
（Ⅲ）児童相談所、医療機関等との会議等により情報連携を行った場合。
（Ⅳ）就学先の小学校等との連絡調整を行った場合。

「本人支援」記載のポイント
5領域の視点を踏まえた作成

令和6年の「児童発達支援ガイドライン」改訂において、児童発達支援の現場で新たな課題となっているのが、個別支援計画の「本人支援」に、5領域との関連性について必ず記載することになった点です。5領域を計画に落とし込むために、5領域のねらいと支援内容を確認していきましょう。

5領域を関連づける記載とは？

個別支援計画作成の際、5領域の関連性を明記する記載については、「児童発達支援ガイドライン 第4章 2.（2）児童発達支援計画の作成」の項で、以下のように示されています。

※児童発達支援計画は、児童発達支援管理責任者が作成する「個別支援計画」です。

記載原文

○ 「本人支援」における5領域との関連性については、5領域全てが関連付けられるよう記載することを基本とするが、相互に関連する部分や重なる部分もあると考えられるため、5領域それぞれで、一対一対応で、異なる支援目標や支援内容を設定する必要はない。ただし、5領域のうち相互に関連する部分や重なる部分を踏まえ、これらをまとめた上で支援目標や支援内容を設定した場合であっても、各領域との関連性についての記載は必ず行い、「本人支援」全体として5領域全てが関連付けられるようにする必要がある。

解説

5領域において「相互に関連する部分や重なる部分もある」とは、例えば「ボール遊び」の場合、運動や動作の技能向上としては「運動・感覚」ですが、仲間づくりや集団への参加としては「人間関係・社会性」、そこで言葉などでのやり取りが生まれることで「言語・コミュニケーション」にも関連づけられます。そのため「本人支援」の記載にあたり、5つの欄を設けて、一対一対応で支援目標や支援内容を設定する必要はありません。

5領域のねらいと支援内容

「児童発達支援ガイドライン 第3章 2.（1）本人支援」で示されている、ねらいと支援内容を見ていきましょう。実際の支援の場面においては、これらの要素を取り入れながら、「こどもの育ち全体に必要な支援内容を組み立てていく」ことが必要となります。

※以下の「支援内容」は「児童発達ガイドライン」で示されている内容の要点をまとめたものです。

健康・生活

＜ねらい＞

● 健康状態の維持・改善
● 生活習慣や生活リズムの形成
● 基本的生活スキルの獲得

（支援内容）

・こどもの心身の状態をきめ細やかに確認し、平常とは異なった状態を速やかに見つけ出し、必要な対応をする。
・意思表示が困難であるこどもの障害の特性及び発達の過程・特性等に配慮し、小さなサインでも心身の異変に気づけるよう、きめ細かな観察を行う。
・日常生活や社会生活を営めるよう、こどもに適した身体的、精神的、社会的なリハビリテーションを実施する。
・睡眠、食事、排泄等の基本的な生活習慣を形成できるよう支援を行う。
・楽しく食事ができるよう、咀嚼・嚥下の接触機能、姿勢保持、手指の運動機能等の状態に応じた自助具等に関する支援を行う。
・衣服の調節、室温の調節や換気、病気の予防や安全への配慮を行う。
・生活の中で、様々な遊びを通した学びが促進されるよう環境を整える。
・障害の特性に配慮し、時間や空間を本人に分かりやすく構造化する。
・医療的ケア児への適切なケアの実施と医療機器の準備、環境整備を行う。

運動・感覚

＜ねらい＞

● 姿勢と運動・動作の基本的技能の向上
● 姿勢保持と運動・動作の補助的手段の活用
● 身体の移動能力の向上
● 保有する感覚の活用
● 感覚の補助及び代行手段の活用
● 感覚の特性への対応

（支援内容）

・姿勢保持や上肢・下肢の運動・動作の改善及び習得、関節の拘縮や変形の予防、筋力の維持・強化を図る。
・姿勢の保持や各種の運動・動作が困難な場合、姿勢保持装置など、様々な補助用具等の補助的手段を活用できるよう支援を行う。
・自力での身体移動や歩行、歩行器や車椅子による移動など、日常生活に必要な移動能力の向上のための支援を行う。
・保有する視覚、聴覚等の感覚を活用できるよう、遊び等を通した支援を行う。
・保有する感覚器官を用いて情報を収集し、状況を把握しやすくするよう眼鏡や補聴器等の補助機器を活用する支援を行う。
・感覚の特性（過敏や鈍麻）を踏まえ、感覚の偏りに対する環境調整等の支援を行う。

認知・行動

＜ねらい＞

● 認知の特性についての理解と対応
● 対象や外部環境の適切な認知と適切な行動の習得（感覚の活用や認知機能の発達、知覚から行動への認知過程の発達、認知や行動の手掛かりとなる概念の形成）
● 行動障害への予防及び対応

（支援内容）

・一人一人の認知の特性を理解し、それを踏まえ情報を適切に処理できるよう支援する。また、こだわりや偏食等に対する支援を行う。
・視覚、聴覚、触覚等の感覚を十分活用して、情報が適切に取得されるよう、認知機能の発達を促す。
・取得した情報から環境や状況を把握・理解できるようにし、的確な判断や行動につなげられるよう支援する。
・物の機能や属性、形、色、音が変化する様子、大小、数、重さ、空間、時間等の概念の形成を図ることによって、それを認知や行動の手掛かりとして活用できるよう支援する。
・感覚や認知の偏り、コミュニケーションの困難性から生ずる行動障害の予防及び適切行動への対応の支援を行う。

Chapter 2 個別支援計画の記載にあたって

言語・コミュニケーション

<ねらい>
- ●コミュニケーションの基礎的能力の向上
- ●言語の受容と表出
- ●言語の形成と活用
- ●人との相互作用によるコミュニケーション能力の獲得
- ●コミュニケーション手段の選択と活用
- ●状況に応じたコミュニケーション
- ●読み書き能力の向上

（支援内容）
- ・表情や身振り、各種の機器等を用いた意思のやり取りなど、コミュニケーションに必要な基礎的な能力を身につけられるよう支援する。
- ・話し言葉や各種の文字・記号等を用いて、相手の意図を理解したり、自分の考えを伝えたりすることなどができるよう支援する。
- ・事物や体験と言葉の意味を結びつけること等により、自発的な発声を促し、体系的な言語を身につけることができるよう支援する。
- ・人との相互作用を通して、共同注意の獲得等を含めたコミュニケーション能力の向上のための支援を行う。
- ・指差し、身振り、サイン等を用いて、環境の理解と意思の伝達ができるよう支援する。
- ・手話、点字、音声、文字、触覚、平易な表現等によるコミュニケーション手段を活用し、環境の理解と意思の伝達ができるよう支援する。
- ・機器（パソコン・タブレット等のICT機器を含む）等のコミュニケーション手段を適切に選択、活用し、環境の理解と意思の伝達が円滑にできるよう支援する。
- ・場や相手の状況に応じて、主体的にコミュニケーションを展開できるよう支援する。
- ・障害の特性に応じた読み書き能力の向上のための支援を行う。

人間関係・社会性

<ねらい>
- ●アタッチメント（愛着）の形成と安定
- ●遊びを通じた社会性の発達
- ●自己の理解と行動の調整
- ●仲間づくりと集団への参加

（支援内容）
- ・こどもが基本的な信頼感を持つことができるように、環境に対する安心感・信頼感、人に対する信頼感、自分に対する信頼感を育む支援を行う。
- ・自身の感情が崩れたり、不安になった際に、大人が相談にのることで、安心感を得たり、自分の感情に折り合いをつけたりできるよう「安心の基地」の役割を果たせるよう支援を行う。
- ・遊び等を通じて人の動きを模倣することにより、社会性や対人関係の芽生えを支援する。
- ・感覚機能を使った遊びや運動機能を働かせる遊びから、見立て遊びやつもり遊び、ごっこ遊び等の象徴遊びを通して、社会性の発達を支援する。
- ・一人遊びの状態から並行遊びを行い、大人が介入して行う連合的な遊び、役割分担したりルールを守って遊ぶ協同遊びを通して、社会性の発達を支援する。
- ・大人を介在して自分のできることや苦手なことなど、自分の行動の特徴を理解し、気持ちや情動の調整ができるよう支援する。
- ・集団に参加するための手順やルールを理解し、遊びや集団活動に参加できるよう支援し、相互理解や互いの存在を認め合い、仲間づくりにつながるよう支援する。

column3

重症心身障害児・医療的ケア児をどう支えるか

重症心身障害児（以下、重症児）とは、重度の肢体不自由すなわち「運動機能は座位まで」と、重度の知的障害とが重複した状態にあるこどもです。感覚障害や咀嚼嚥下機能障害、排泄障害、呼吸機能障害、骨格異常などの様々な障害や合併症を生じる場合も少なくありません。

医療的ケア児とは、NICU（新生児特定集中治療室）等に長期入院した後、引き続き人工呼吸器や胃ろう等を使用し、たんの吸引や経管栄養等の医療的ケアが日常的に必要なこどもです。

そのようなこどもを受け入れる障害児通所支援事業所では、吸引、経管栄養、吸入、導尿・浣腸、発作時の対応のほか、食事や入浴補助、リハビリ、こどもに合わせた運動や遊びなどを行います。

医療的ケアが必要なこどもは、運動面では障害がない"動ける医療的ケア児"や、身体・知的に重度の障害があるこども、知的障害が軽度で上肢の随意運動があるこどもなど、様態は様々で、こどもに応じて支援の在り方が変わります。例えば、動ける医療的ケア児は、行動制御が困難の場合もあるので、行動の見守りと事故防止のための工夫が必要です。また、知的障害が軽度で上肢の随意運動のあるこどもには、自立を目指すための支援も求められます。

当事業所「重症児デイサービス ななほし」では、医療的ケアに対応する看護師や理学療法士が勤務し、医療程度の重いこどもが利用できる体制をつくっています。看護師は、利用者の医療的情報から得られる身体的特徴を理解し、主治医の指示書に基づき医療的ケアを実施。理学療法士は、こどもの表情や身体の動きを観察し、快、不快を読み取りながら関わります。遊びを取り入れた活動やリハビリなどを行い、同年代のこどもや大人（支援者）とのふれあいを楽しめるようにします。

重症児は、日常生活の全てにおいて助けが必要です。呼吸障害やてんかん発作、筋緊張などにより生活リズムを整えることが難しく、昼夜逆転も珍しいことではありません。家庭と異なる場所での経験によって、こどもは多くの刺激を受け、少しずつ生活リズムを作っていきます。支援者は、日頃からこどもたちの表情や様子に目を配り、個別の感覚や身体の状況を知り、この場所（当事業所）がこどもにとって、安全で心地よい安心できる場所となることを大切にしています。

重症児・医療的ケア児の支援は、高い専門性ときめ細かな配慮を必要とし、本人や保護者の心情や背景に配慮した支援が求められます。そのためには、アセスメントが重要となります。アセスメントでは、本人の医療的な状態や必要となるケア、発達状況や家族構成、本人と保護者の願いや意向など、細かな情報を把握します。アセスメントをしっかりすることで、本人・家族のニーズに沿った支援につながっていきます。

こどもとその家族が、安心して地域で暮らしていくには、ライフステージに応じて、様々な支援の利用が必要です。支援全体のネットワークの構築、関係機関が連携して支援に当たることが重要だと考えています。

重症児デイサービス ななほし（重症心身障害児・医療ケア児通所支援）
児童発達支援管理責任者　戸波佳代

「保育所等訪問支援ガイドライン」が新たに策定

令和6年の「児童発達支援ガイドライン」「放課後等デイサービスガイドライン」の改訂とともに、障害児支援の質の向上を図るため、「保育所等訪問支援ガイドライン」が新たに策定されました。ここでは、「保育所等訪問支援ガイドライン」に示されている保育所等訪問支援の内容や流れについて見ていきましょう。

●保育所等訪問支援とは

「保育所等訪問支援」とは、保育所等に通う障害のあるこどもについて、当該保育所等を訪問し、対象となるこども以外のこどもとの集団生活への適応のために行う、専門的な支援です。支援の対象となるこどもを集団生活に合わせるのではなく、こどもの特性などに応じた集団生活の環境の調整や活動の流れの変更・工夫が行われるよう進めていくことが必要となります。

保護者が自治体に申請をし、障害児相談支援事業所、保育所等訪問支援事業所とのやり取りを経て、支給決定を受けたら利用開始となります。

【訪問先施設】
保育所・幼稚園・認定こども園、小学校・中学校・高等学校、特別支援学校、乳児院、児童養護施設、放課後児童クラブなど。

支援の内容と訪問頻度・時間

こども本人に対する支援
こどもが集団生活の場で安全・安心に過ごすことができるよう、訪問先施設における生活の流れの中で、集団生活への適応や日常生活動作の支援を行う。

訪問先施設の職員に対する支援
訪問先施設のこどもに対する支援力を向上させることができるよう、こどもの発達段階や特性の理解を促すとともに、こどもの発達段階や特性を踏まえた関わり方や訪問先施設の環境等について助言を行う。

家族に対する支援
障害のあるこどもを育てる家族が安心して子育てを行うとともに、安心してこどもを保育所等に通わせることができるよう、保護者に対し、訪問先施設におけるこどもの様子や、訪問先施設の職員のこどもへの関わり方などを含め、支援の内容を伝える。

訪問頻度・時間
2週間に1回程度、ひと月に2回程度を基本とするが、必ず2週間に1回、ひと月に2回などではなく、個々の障害のあるこどもの状態に応じて柔軟に対応していく。支援の提供時間は、保育所等訪問支援計画に定めた上で、30分以上とすることが求められている。

●支援実施の流れ

1 訪問先施設との日程調整

訪問先施設の都合に合わせながら、訪問支援を行うに当たり優先度が高い場面やこどもに支援が必要な時間帯、訪問先施設の職員が対応の難しさ等を感じている時間に訪問できるよう調整を行う。

2 行動観察

こどもの発達段階や障害特性を踏まえながら、こども本人の訪問先施設の職員や他のこどもとの関わりの状況や集団活動への参加の様子、訪問先施設の環境や職員のこどもに対する接し方など、丁寧に観察を行い、発達の過程を捉え、何が課題となっているのか、どのような支援が適切なのか等を検討する。

3 こども本人に対する支援

● 保育・教育活動の妨げにならないよう十分に配慮しながら、訪問先施設における生活の流れの中で、集団生活への適応や日常生活動作の支援などを行う。

● 自由遊びなどの時間に集団から抜き出して、訪問先施設の職員とともに、こどもの発達上のニーズにアプローチしていくなどの方法も想定される。その際には、集団生活への適応につなげるための、個別的な支援であることを踏まえる必要がある。

4 訪問先施設の職員に対する支援

訪問先施設の職員に対し、こどもとの関わりの中で把握したこどもの強みや、訪問支援員がこどもに対して どのような意図をもって支援を行ったのかなどについてしっかりと伝えていくことが重要である。また、周囲のこどもとの関係などを考慮した座る位置の決め方、机や椅子、棚類の位置などを具体的に提案するなどの環境の整備や、活動の組み立てなどの助言、学習発表会や運動会などの 行事への参加方法や練習方法の検討等を行うことも重要である。

5 カンファレンス
（訪問先施設への報告等）

● 訪問先施設とは、なるべくその日のうちにカンファレンスを行い、支援の対象となるこどものニーズや今後の支援の進め方を共有する（オンラインの実施でも可能）。

● 具体的には、保育所等訪問支援事業所から、今回の訪問時における支援内容のフィードバックや、次回訪問時までに訪問先施設において取り組むべき課題、こどもとの関わりにおいて留意すべき点などについて伝達することが重要である。

6 保護者への報告

● 訪問先施設におけるこどもの様子や、訪問先施設の職員のこどもへの関わり方などを含め、提供した保育所等訪問支援の内容をしっかりと伝えることに加え、家庭生活で活かせるような内容についても丁寧に伝えていく視点が重要である。

● 保護者への報告に当たっては、保護者の負担に配慮しつつ、柔軟な方法で対応していく必要がある。

7 訪問支援の記録

● 保育所等訪問支援計画に基づき提供した支援の内容やこどもの様子、訪問先施設の職員に対する助言の内容などを具体的に記録する。保護者の承諾を得た上で、こどもの写真を撮り、記録することも考えられる。

● 作成した記録については、必要に応じて、訪問先施設や保護者に共有することも考えられる。

chapter 3

５領域対応 個別支援計画案 14ケース

実践につながる支援計画を

5領域を踏まえた計画を組み立てるには、支援目標や支援内容に即した具体的な活動内容を検討することが必要となります。

本書の個別支援計画書には「活動プログラム」の記入欄を設定。こどもの特性別に様々な計画案を紹介します。

本書オリジナルフォーマット

個別支援計画書

利用児氏名：　　　　　　　　　　　　作成年月日：　　年　月　日

利用児及び家族の生活に対する意向	●好きなことをして楽しく遊びたい（本人）。 ●言葉でのコミュニケーションが増えてほしい（保護者）。			長期目標（内容・期間等）	●気持ちを言葉にできるようになる。 ●コミュニケーション力を身につける。	支援の標準的な提供時間等（曜日・頻度、時間）
総合的な支援の方針	先天性の疾患のため、生後1週までは入退院をくり返しており運動やミルク量の制限がありました。2歳を過ぎても発語がなく、歩行にも不安定さがあるため主治医に相談し児童発達支援につなげています。このような経緯から、本人のペースや体調面に配慮しながら、他児との関わりを通して活動の幅や視野を広げています。好きな遊びや活動から単語の習得及び表出を促して言語面の向上を支援。気持ちを表す手段としてのジェスチャーは、家庭と統一できるように連携していきます。現在、保育所等には通っていないので、将来的に保育所等への移行を目指し、食事や睡眠などの日常生活をサポートする取り組みもしていきます。			短期目標（内容・期間等）	●新しい場所や、事業所への通所のリズムに慣れる。 ●ジェスチャーなどで気持ちを伝えられる。 ●楽しみながら食事をし、睡眠リズムを整え、安定した生活ができる。	個別・小集団：毎週月曜日・水曜日・金曜日 10：00〜15：00 ※個 別 10：00〜12：00、 小集団 13：30〜15：00。

○支援目標及び具体的な支援内容等

項目	支援目標（具体的な到達目標）	支援内容 （内容・支援の提供上のポイント・5領域との関連性等）				達成時期	担当者提供機関	留意事項	優先順位
		内容・支援	5領域	活動プログラム					
本人支援	単語に近い音を出すことができる（単語の最初の音でもよい）。	●舌、口唇、下あごを協調して動かす練習を、大人と遊びながら楽しむ。 ●お集まり（朝の会）などで、他児が名前をよばれたら「ハイ」と言ったり手あげたりするような姿を見て、まねることからやってみる。 ●感覚遊びを行う時は、オノマトペ（擬音語、擬態語、擬声語、擬容語）を用いて動きや状態の表現をする（ベトベト、ごろごろなど）。	運動・感覚／言語・コミュニケーション／人間関係・社会性／認知・行動	【口を動かす遊び】吹き戻しやストローを使ってピンポン玉を吹くなど、口を動かす遊びをする。　【感覚遊び】小麦粉粘土、スライムづくり、新聞紙遊び、砂遊び、フィンガーペイント。滑り台やブランコなど身体全体を使った、感覚を得られる遊び。	6か月後	言語聴覚士、保育士	専門的支援実施加算については、別紙参照。	1
本人支援	食事の時にスプーンやフォークを自分で持てることができる。	食べ物を手づかみで口に運ぶ現在の姿も認めながら、スプーンやフォークを持つことを促す。フォークで食材を刺せるように大人が介助し、口に運ぶことを練習していく。	健康・生活	【微細運動】ピンセットやトングを使って玩具をすくう遊び。玩具の食器セット、食べ物のミニチュアを使用。　【食具を使った食事】大人に援助されながら、スプーンに食べ物をひと口量のせて、こども自身が食具を使って食べる。大人に「おいしいね」と声をかけられながら食事を楽しむ。	6か月後	作業療法士、保育士	食事の時は常にそばにつき 咽せに注意をはらい、水分摂取も促す。小さなビーズが口や鼻、耳に入らないように注意し見守る。	2
本人支援	ジェスチャーで気持ちを伝えることが増える。	●リズム遊びや手遊びなどで音楽と身体の動きを結びつけ、言葉を使わない自己表現力を学べる活動を取り入れる。 ●ごっこ遊びで簡単なやり取りを表現していく。 ●「悲しい」「楽しい」「いやだ」「もう1回」「おいしい」などのジェスチャーを家庭と統一させる。	言語・コミュニケーション／人間関係／認知・行動／運動・感覚	【リズム遊び】太鼓などを使って手拍子や足でステップを踏むなど、リズムに合わせて身体を動かすことを楽しむ。　【手遊び】「どんぐりころころ」「グーチョキパーでなにつくろう」「いとまきのうた」などの手遊びをする。	6か月後	保育士、言語聴覚士、保育士	音に敏感であるため「音量」「楽器の種類」に配慮すること。	3
本人支援	姿勢保持ができるようになる。	●バランスボールでバランスを取る遊びやゲームをする。転ばないように意識して座る感覚をつかむ。 ●ストレッチやマッサージを取り入れる。身体のかたさも見られるため、こども向けの簡単なヨガポーズを取り入れる。	運動・感覚	【バランスゲーム】バランスボールに座ってバランスを取り、どれくらいバウンドできるか、座りながらキャッチボールにチャレンジする、などのゲーム　【ヨガ遊び】こども向けの簡単なヨガポーズ（猫のポーズ、コブラのポーズ、犬のポーズ、山のポーズ、木のポーズ）をして遊ぶ。	6か月後	作業療法士、保育士	体幹が弱いためぐらつきがあるので、必要に応じて本人の隣に立ちサポートする。	4

支援目標 （具体的な到達目標）	支援内容 （内容・支援の提供上のポイント等）	達成時期	担当者提供機関	留意事項
家族支援	本人の気持ちの表現方法や生活リズムの整え方について、家庭と共有し、調整を進めていく。	●事業所での様子を電子連絡（文章と写真）を使って伝える。 ●気持ちを伝えるジェスチャーの仕方を、事業所と家庭で同じになるように伝え合う。 ●帰宅後の生活リズムを整えるために、事業所での午前中の活動では身体を動かして遊び、昼食や午睡の時間を設定する。	6か月後	児童発達支援管理責任者、保護者	家族支援加算（Ⅰ）：月1回の頻度で面談をし、保育士との具体的なやり取りをモデルにして、家庭での実践も踏まえたフィードバックを行う。
移行支援	地域の園と連携し、保育所等への移行を目指す。	地域の保育園やこども園で実施している「園庭開放」や「ミニ運動会」の情報を収集し、保護者や本人と実際に参加してみる。本人や保護者が負担にならない環境を選定する。	6か月後	児童発達支援管理責任者、保護者	
地域支援連携	関係機関との連携会議で本人の状態を把握し、支援に反映していく。	関係機関からの情報に基づいて、支援方法や関わり方の提案や関わり方のポイントについて話し合う。	6か月後	児童発達支援管理責任者、保護者、○○医療センター	関係機関連携加算（Ⅲ）：6か月に1回程度の頻度で連携会議を開催する。

ここがオリジナル！

活動プログラム

【口を動かす遊び】
吹き戻しやストローを使ってピンポン玉を吹くなど、口を動かす遊びをする。

【感覚遊び】
小麦粉粘土、スライムづくり、新聞紙遊び、砂遊び、フィンガーペイント。滑り台やブランコなど身体全体を使った、感覚を得られる遊び。

【微細運動】
ピンセットやトングを使って玩具をすくう遊び。玩具の食器セット、食べ物のミニチュアを使用。

【食具を使った食事】
大人に援助されながら、スプーンに食べ物をひと口量のせて、こども自身が食具を使って食べる。大人に「おいしいね」と声をかけられながら食事を楽しむ。

【リズム遊び】
太鼓などを使って手拍子や足でステップを踏むなど、リズムに合わせて身体を動かすことを楽しむ。

【手遊び】
「どんぐりころころ」「グーチョキパーでなにつくろう」「いとまきのうた」などの手遊びをする。

【バランスゲーム】
バランスボールに座ってバランスを取り、どれくらいバウンドできるか、座りながらキャッチボールにチャレンジする、などのゲームをする。

【ヨガ遊び】
こども向けの簡単なヨガポーズ（猫のポーズ、コブラのポーズ、犬のポーズ、山のポーズ、木のポーズ）をして遊ぶ。

POINT

● 5領域の関連を踏まえて組み立てた支援目標に対して、こどものニーズに応じた具体的な活動プログラムを設定することで、支援の方向性がより明確になる。

● 支援目標を達成するには段階を踏んで活動プログラムを考えていく必要がある。2段階で記入することで、達成時期を考慮して活動をどう発展させていくか見通しを持って計画を組み立てることができる。

● 個別支援計画に活動プログラムが明記されていることで、5領域の関連を意識した支援内容がより理解しやすくなる。

Chapter 3　5領域対応 個別支援計画案14ケース

ケース 1 気持ちのコントロールが苦手（5歳児）

個別支援計画書

利用児及び家族の生活に対する意向	●友達と仲よく過ごしたい（本人）。 ●気持ちの切り替えが上手になり、集団活動ができるようになってほしい（保護者）。 ●読み書きができるようになってほしい（保護者）。
総合的な支援の方針	生活面は自立していますが、人とのコミュニケーションや気持ちのコントロール、初めてのことが苦手で環境や周りの人に慣れるまで時間がかかります。園では集団活動に参加できず、4歳の頃から癇癪や他害行為が見られるようになりました。したくないことは絶対に行わない面があるので、好きなことと苦手なことを組み合わせた活動を通して、言葉で気持ちや考えを伝え、感情をコントロールする力をつけながら、集団活動に参加できるよう支援します。また、文字や数に興味がなく、書く（描く）ことへ抵抗感もあるようです。楽しく遊びながら文字や数への興味を引き出し、書くことに関しては、手首、指先がどの程度使えているかを見極め、スムーズに動かせるようになる活動を取り入れ、運筆力の向上につなげていきます。

○支援目標及び具体的な支援内容等

項目	支援目標（具体的な到達目標）	支援内容 内容・支援	5領域
本人支援	自分の気持ちを相手に伝えながら、2～3人の友達と好きな遊びを楽しむ。	●本人の好きなことや苦手なことを把握し、遊びを提供する。本人の1番好きなことではなく、5～6割程度に好きな遊びを設定し、友達と一緒に楽しめるよう仲立ちをする。 ●「入れて」「いいよ」「貸して」などの言葉のやり取りを促し、互いに納得して遊びが始められるようにする。	人間関係・社会性／言語・コミュニケーション
本人支援	気持ちをコントロールしながら、苦手なことにも取り組めるようになる。	●初めて行うことに関しては本人と1対1で行い、自信をつけてから、まずは小人数からはじめ、集団での取り組みへと進めていく。 ●参加をいやがる場合は、何がいやなのか、どうしてやりたくないのかなどしっかりと話を聞く。うまく伝えられない場合は掘り下げて聞くなど、思いをくみ取りながら時間をかけて関わっていく（信頼関係の構築）。 ●全身のマッサージなどで落ち着けるようにする。 ●「やりたくない＝やらなくてもいい」にならないよう、年齢や本人の状態よりも低く設定した「絶対にできる」簡単な課題から始め、自信を持たせてからスモールステップで難しい課題へと進めていく。	人間関係・社会性／言語・コミュニケーション
本人支援	文字や数に興味を持てるようになる。	●遊びの中にひらがなを織り交ぜ、楽しみながら、文字に触れられるようにする。 ●数を使った歌や手遊び、ペープサートなどで数に触れられるようにする。 ●遊びの中で数える経験を促していく。	認知・行動
本人支援	手首や指先の力がつき、楽に動かせるようになり、運筆力がつく。	●手首、指先はしっかりと使えているか、書いている時の姿勢はどうかなど、身体の状態を見極めていく。 ●鉛筆だけでなくスプーンや箸での三点持ちにも慣れ、指先の力や手首の柔軟性がついてから運筆の練習を進めていく。 ●様々な素材、用具を用いて、書く（描く）ことへの抵抗感を減らすようにする。	認知・行動／運動・感覚／健康・生活

	支援目標（具体的な到達目標）
家族支援	面談を行い、事業所や家庭での様子を共有しながら、保護者の不安や悩みなどに対応していく。
移行支援	集団での活動に抵抗なく入っていけるよう支援していく。
地域支援・地域連携	医療機関と連携を図り、服薬による副作用などに対応していく。

おもな特性

- 気持ちのコントロールが苦手で、思い通りにならないと癇癪を起こしたり、他害行為が見られたりする（服薬中）。
- 集団活動や初めてのことが苦手。
- 特定の人としか関わろうとしない。

利用児氏名：　　　　　　　　　　　　　　　作成年月日：　　年　　月　　日

長期目標 (内容・期間等)	自分の気持ちを言葉で伝え、気持ちのコントロールをしながら、様々な友達や大人と楽しく活動できる。	支援の標準的な提供時間等 (曜日・頻度、時間)	
短期目標 (内容・期間等)	●環境に慣れ、自分の気持ちを言葉で伝えられる。 ●大人や友達と遊びを共有できる。 ●文字や数に興味が持てるようになる。 ●書く（描く）ことを楽しめるようになる。	個別・小集団：毎週火曜日・木曜日 　　　　　9：20〜11：00 ※支援内容に応じて個別、小集団での活動を適宜行う。 ※個別は特定の保育士が担当。	

（内容・支援の提供上のポイント・5領域との関連性等）

活動プログラム		達成時期	担当者 提供機関	留意事項	優先順位
【順番がある遊び】 順番を決め、順番を守って遊ぶ。（次の人へ）「どうぞ」「ありがとう」などの言葉のやり取りをする。	【役割がある遊び】 役割を決め、「何にしますか？」「100円です」などの言葉のやり取りをする。	6か月後	保育士		1
【大人と1対1➡小集団でゲーム】 大人と2人で行う→小集団で行う→人数を増やして行う、という段階を踏んでゲームをする。負けた時は気持ちのコントロールができるようにする。	【くじ引き大会】 くじ引きをして、ほしい物が当たらなかった時に、気持ちのコントロールをできるようにする。くじ引きのくじと同じ数字を見つけて遊ぶ。	6か月後	保育士	専門的支援実施加算については、別紙参照。	2
【ボウリング遊び】 ボウリングのピンの数を10本や5本にして何本倒れたか、何本残ったかを数える。	【かるた遊び】 好きなキャラクターのかるたを使って、読み札と取り札のマッチングをして遊ぶ。	6か月後	保育士		3
【ひも巻き取り遊び】 ひもの両端に巻き取りの棒をつけ、両端から2人で同時に巻き取り、その長さを競ったり、水を入れたペットボトルにひもを巻き取り、手首の力をつける。	【お絵描き】 絵の具や片段ボールを使ったお絵描き、フロッタージュ（こすりだし）、窓に描けるクレヨンを使ったお絵描きなど。	3か月後	保育士		4

支援内容（内容・支援の提供上のポイント等）	達成時期	担当者 提供機関	留意事項
事業所での様子や家庭での様子を面談などで伝え合い、不安や悩みなどに適切に対応していくようにする。また、事業所での様子を写真、支援記録などでお知らせすることで、ともに成長を喜べるようにする。	6か月後	児童発達支援管理責任者、保護者	家族支援加算（Ⅰ）：2か月に1回のペースで面談を実施。
園での様子を見学に行ったり、担任からの話を聞いたりしながら、集団で困ることなく活動ができるよう、園と事業所の双方が同じ視点で支援をしていく。	6か月後	児童発達支援管理責任者、保護者、〇〇こども園	関係機関連携加算（Ⅰ）：6か月に1回のペースで連携会議を実施。
服薬により体調や様子に変化が見られた場合は、適切に対処する。	6か月後	児童発達支援管理責任者、△△医院	関係機関連携加算（Ⅲ）：6か月に1回のペースで連携会議を実施。

ケース 2 多動性・衝動性がある（5歳児）

個別支援計画書

利用児及び家族の生活に対する意向	●みんなと一緒に楽しく遊びたい（本人）。 ●いろいろな活動に参加をして、できることが増えてほしい（保護者）。 ●自分の気持ちを言葉で伝え、友達と仲よく遊んでほしい（保護者）。
総合的な支援の方針	目に入った物に興味を示してとっさに動いたり、転んだり、身体をぶつけたりする姿があります。本人は身体を動かすことが好きなので、全身運動や身体をコントロールする遊びを取り入れ、楽しみながら自分の身体の動かし方を知ることができるようにしていきます。また言葉の発達がゆっくりで、気持ちを言葉で表現することが苦手です。集団生活で友達と物の取り合いになるとかみつくなど、身体で気持ちを表現することがあるため、個別でゆったりとした環境を整え、気持ちの代弁や具体的な伝え方を示すなどして、気持ちをうまく言葉で伝えられるように支援します。

○支援目標及び具体的な支援内容等

項目	支援目標（具体的な到達目標）	支援内容	
		内容・支援	5領域
本人支援	周りの環境に合わせて、身体をコントロールできるようになる。	●運動遊びでは、本人の好きな遊びを通して、身体を大きく動かす楽しさを味わえるようにしていく。 ●サーキットトレーニングでは、「動く・止まる」の動きを取り入れて自分の身体をコントロールできるようにし、気持ちのコントロールにつなげていく。	運動・感覚／認知・行動
本人支援	●友達と一緒に遊ぶことを楽しめる。 ●自分の気持ちを言葉にして伝えられる。	●大人と一緒に遊ぶ中で他児を誘い、他児と一緒に遊ぶ楽しさを味わえるようにしていく。 ●玩具の貸し借りでトラブルが起きた時は、危険のない限り見守り、必要に応じて大人が仲介役となる。互いの気持ちの折り合いをつけられるように気持ちを代弁したり、具体的な伝え方を示したりする。 ●本人の気持ちをくみ取りながら、「〇〇したらよかったかな」「〇〇だった？ △△だった？」など、本人が答えやすい質問をし、自分の気持ちに合った言葉を選べるようにしていく。 ●絵カードなどを使って、「〇〇は△△」など2語文をつくる活動を取り入れ、言葉を組み立てて話せるようにする。	人間関係・社会性／言語・コミュニケーション
本人支援	自分の身体を認識し、身支度や衣服の着脱において、自分でできることは自分でしようとする。	●身支度や衣服の着脱など、自分でしようとしている姿を認め、衣服の乱れや前後が反対になっている時などには、その部分を触りながら伝えることで、自ら気づいていけるようにする。 ●手遊びや運動で自分の身体を知っていけるようにする。	健康・生活／運動・感覚
本人支援	ルールのある遊びを楽しめる。	●簡単なルールのある遊びや初めてする遊びでは、他児が取り組んでいる姿を見たり、大人と一緒に行ったりすることで、ルールに沿って遊んだり、勝敗を楽しんだりできるようにしていく。 ●負けて悔しい気持ちがあふれた時は、「悔しかったね」と共感し、「今度は〇〇してみる？」「次も頑張ろう」などと、次へ意識が向かう言葉をかけ、意欲を育む。	認知・行動／人間関係・社会性

支援目標（具体的な到達目標）

家族支援	支援の方法を具体的に伝えたり、家庭での悩みを聞いたりするなど、保護者と話をする。
移行支援	日常的に園と連絡を取り合い、情報を共有し、集団生活での支援方法をともに考える。
地域支援・地域連携	関係機関と情報を共有し、支援方法を統一する。

おもな特性	●目に入った物に反応し、動きが多く、よく転んだり身体をぶつけたりする。 ●言葉の発達がゆっくりで、伝わらないと、たたいたりかみついたりする。 ●睡眠時無呼吸症候群の疑いがある。

利用児氏名：　　　　　　　　　　　　作成年月日：　　年　　月　　日

長期目標 (内容・期間等)	●簡単なルールのある遊びに参加し、大人や他児と一緒に楽しんで遊べる。 ●自分の気持ちを言葉で表現できる。	支援の標準的な提供時間等 (曜日・頻度、時間)
短期目標 (内容・期間等)	●いろいろな遊びや活動に参加し、大人や他児と一緒に遊んだり、話したりすることを楽しめる。 ●身体をたくさん動かして遊ぶ楽しさを味わえる。 ●身の回りのことを自分でしようとするようになる。	小集団：毎週月曜日・金曜日 　　　　13：30～15：30

(内容・支援の提供上のポイント・5領域との関連性等)

活動プログラム		達成時期	担当者提供機関	留意事項	優先順位
【サーキット(全身を使う)】 高い所にタッチをする、狭い所をくぐる、大股で歩く、線の上を歩くなどの動きを取り入れ、全身を使った動きをする。	【サーキット(身体のコントロール)】 一本橋を渡る、つま先で歩く、音楽に合わせて走ったり止まったりするなど、身体をコントロールする動きをゲーム感覚で楽しむ。	6か月後	理学療法士、保育士	専門的支援実施加算については、別紙参照。	1
【他児との玩具遊び】 まずは、一人遊びや大人との遊びを十分に楽しみ、徐々に他児と玩具の貸し借りをしながら一緒に遊ぶ(一人遊びの際は、十分に遊べるよう玩具をたくさん用意し、他児との遊びの際は、玩具を少なめにして貸し借りを促す)。	【絵カードで2語文づくり】 生活に密着した動作が入っている絵カードを使って、「〇〇は△△」と2語文につながるようにする。	6か月後	心理担当職員、保育士	専門的支援実施加算については、別紙参照。	2
【手遊びや運動】 手遊びや運動で、自分の身体の先端が分かるような動きや、身体の動かし方が分かるようにする。	【手遊びや運動(左右違う動き)】 左右の動きが違った手遊びや運動を行う。初めは戸惑うことも予想されるが楽しむことを優先する。	6か月後	保育士		3
【大人とボール遊び】 大人と1対1でキャッチボールを行う。身体に当たったら負け、などのルールを少しずつ加えていく。	【大人や他児とルールのある遊び】 大人と1対1の遊びの中に他児も入り、小集団への遊びに移行する。ルールは見本を提示して目で見て分かるようにしていく。	6か月後	保育士		4

支援内容(内容・支援の提供上のポイント等)

支援内容	達成時期	担当者提供機関	留意事項
●何かをする前には説明をする、外出前には手をつなぐなど具体的な約束を本人と事前にすることを伝え、実践していただく。 ●睡眠の状態を聞き、必要に応じて医療受診の提案をする。 ●本人の成長を伝えたり、家庭での困りごとを聞いたりして相談にのっていく。	6か月後	児童発達支援管理責任者、保護者	・子育てサポート加算：6か月に1回を想定し、家庭で実践できる支援方法を提案していく。 ・家族支援加算(Ⅰ)：3か月に1回を想定し、家族の相談にのっていく。 ・家族支援加算(Ⅱ)：6か月に1回を想定し、座談会や保護者会にて相談にのっていく。
●送迎時に園での様子を聞いたり、事業所での支援方法を写真などで共有しながら、本人が集団で過ごしやすい環境を整えていく。 ●必要に応じて園を訪問し、集団の中で力が発揮できるような支援方法を一緒に考えていく。	6か月後	児童発達支援管理責任者、保護者、〇〇保育園	関係機関連携加算(Ⅱ)：3か月に1回を想定し、園訪問を行い、本人の園での様子を見ながら情報を共有していく。
具体的な場面での関わり方のポイントなどを提示し、支援方法を統一できるように意見を交換する。	6か月後	児童発達支援管理責任者、〇〇保育園、□□相談支援事業所、△△小児科	関係機関連携加算(Ⅲ)：3か月に1回を想定し、それぞれの機関からの情報を共有していく。

ケース 3　環境の変化への不安が強い（5歳児）

個別支援計画書

利用児及び家族の生活に対する意向	●楽しく遊びたい（本人）。　●様々な感情を知り、相手の気持ちを考えられるようになってほしい（保護者）。 ●我慢する力、待つ力を身につけてほしい（保護者）。 ●家族だけではなく、周りの人にも伝わる表現方法を身につけてほしい（保護者）。
総合的な支援の方針	言葉による指示など相手からの言葉は理解していますが、発語はあまり見られていません。生活の流れや場所の変化などを極端に不安がる様子がありますが、本人は思いを伝えられないため、園ではどうして不安なのか分からないことがあるようです。ひらがなは読めますが、書くことは原始反射の残存などにより困難なようです。カード遊びが好きなため、ひらがなと絵をカードで組み合わせるなどして発語を促し、肩甲骨や腕を動かす活動で書くための身体の基礎づくりをしていきます。また、不安に対しては活動場所の固定、抱っこなどの安心できる関わりをするなど、落ち着ける環境を整えます。自分の気持ちを伝えること、コミュニケーションを取ることが楽しくなるように、園とも情報共有を行いながら支援します。

○支援目標及び具体的な支援内容等

項目	支援目標（具体的な到達目標）	支援内容 内容・支援	5領域
本人支援	「嬉しい」「楽しい」「悲しい」など、様々な感情を理解できる。	●表情カードや絵本、感触遊びを活動に取り入れ、様々な感情があることに気づけるようにしていく。 ●活動が終わった後に振り返りをし、表情カードとその時の気持ちを照らし合わせながら気持ちを確認して、相手に伝えられるようにする。	言語・コミュニケーション／人間関係・社会性
本人支援	書くための基礎が身につく。	●肩甲骨を使えているか腕全体の動きはどうか、目は前後左右遠近しっかりと動いているかなど、身体の状態を把握する。 ●原始反射の統合を促す関わりをし、困難さを減らしていくようにする。 ●肩甲骨や腕を動かしながら絵を描いたり、点つなぎをしたりする活動を取り入れ、書くことを楽しめるようにする。	運動・感覚／認知・行動
本人支援	自分の要求をゆっくりと言葉で伝えられる。	●カードなどを用いながら、物の名称などを正しく発音できるようにする。 ●トイレや着替えの要求など生活に必要なことを、まずは絵カードなどを使い、徐々に言葉で伝えられるようにする。 ●要求がある時は、言葉で伝えることを意識できるように関わり、言葉での伝え方を知らせていく。また場面に応じ、付箋などの紙にひらがなを書いて示し、正しい発音ができるようにする。	言語・コミュニケーション／人間関係・社会性／健康・生活
本人支援	待ったり、我慢したりすることができる。	●ルールのある遊びを設け、活動を楽しみながら順番や友達を待てるようにする。 ●友達と一緒に課題に取り組む際には時計などで取り組み時間を可視化し、無理なく待てる時間から進めていく。	人間関係・社会性／認知・行動

	支援目標（具体的な到達目標）
家族支援	定期的な面談を行い、不安や悩み、要望などに対応していく。
移行支援	園で友達や保育者との意思疎通がスムーズに行えるよう、関わり方の共有をする。
地域支援・地域連携	リハビリセンターと、発達状況を踏まえた支援の仕方などを共有する。

おもな特性	●極端な人見知り。注目されること、環境の変化による不安が大きい。 ●発語が少なく、発音が不明瞭。 ●原始反射の残存がある。

利用児氏名：　　　　　　　　　　　　　　作成年月日：　　　年　　月　　日

長期目標 (内容・期間等)	言葉、表情、筆記など、様々な表現方法を覚えて、自分の気持ちを伝えられるようになる。	支援の標準的な提供時間等 (曜日・頻度、時間)
短期目標 (内容・期間等)	●話す機会を増やし、言葉で要求を伝えられるようになる。 ●ひらがな書きの基礎を身につけ、簡単な文字がなぞれるようになる。	個別・集団：毎週月曜日・水曜日・金曜日 　　　　　13：30〜16：00 ※支援内容に応じて個別・小集団での活動を適宜行う。 ※個別は特定の保育士が担当。

(内容・支援の提供上のポイント・5領域との関連性等)

活動プログラム		達成時期	担当者 提供機関	留意事項	優先順位
【表情カードで感情の言語化】 「怒っている」「泣いている」「喜んでいる」「困っている」などの表情カードにひらがなを添え、言葉で伝えることにつなげていく。	【感触遊び】 様々な感触を体験し、「気持ちいい」「気持ち悪い」「楽しい」など様々な感情を体験する。	6か月後	保育士		1
【腕を大きく使ってお絵描き】 窓や高さのあるホワイトボードなどに両手を使って絵を描き、肩甲骨を動かす。	【点つなぎ】 見本と同じように点つなぎを完成させる。点4つからスタートし、徐々に点の数を増やし、難易度をあげる。	6か月後	保育士	専門的支援実施加算については、別紙参照。	2
【ひらがな遊び】 ひらがなと絵カードのマッチング、ひらがなを使って単語づくり、しりとりなどをする。	【動詞カード遊び】 動詞カードを使い、言葉と同じ動きをして、言葉と動作をつなげる。	6か月後	保育士		3
【ストップゲーム】 音楽や手拍子、声による指示などでスタートやストップをくり返し楽しむ。ストップ時には「座って、動物のまねをする」などの動作も取り入れていく。	【黙りっこ競争】 制限時間を設け、「しゃべらない、動かない競争」を小集団で行い、順位や勝ち負けを決める。	6か月後	保育士		4

支援内容 (内容・支援の提供上のポイント等)	達成時期	担当者 提供機関	留意事項
家庭や事業所での様子を伝え合い、本人の困りごとにどのように対応していくか話し合う。また、どのように育ってほしいかなどの思いを聞き、支援につなげていく。	6か月後	児童発達支援管理責任者、保護者	家族支援加算（Ⅰ）：2か月に1回のペースで面談を実施。
事業所と園で取り組みの様子を伝え合い、共通した関わり方で本人の意思疎通を促していけるようにする。	6か月後	児童発達支援管理責任者、保護者、○○こども園	関係機関連携加算（Ⅰ）：6か月に1回のペースで連携会議を実施。
リハビリセンターの言語聴覚士、作業療法士と連携し、発音や指先を使うリハビリの様子を見学させてもらったり、専門的な関わり方を教えてもらったりしながら、支援につなげていく。	6か月後	児童発達支援管理責任者、△△リハビリセンター	関係機関連携加算（Ⅲ）：6か月に1回のペースで連携会議を実施。

ケース 4　低緊張がある・スムーズなコミュニケーションが難しい（4歳児）

個別支援計画書

利用児及び家族の生活に対する意向	●自分でできることを増やしたい（本人）。 ●発語を増やしてコミュニケーションを楽しんでほしい（保護者）。 ●保育園での楽しい行事や活動に、積極的に参加してほしい（保護者）。
総合的な支援の方針	生育歴によると、生後約1年間、心室中隔欠損症の治療のため入院し、歩行・発語開始はともに2歳6か月とあります。低緊張があるため、それに伴う指先の不器用さや歩行に特徴があり、言葉の発達に遅れが見られます。言葉の意味は概ね理解していますが、発語は5語程度で、スムーズなコミュニケーションが難しいです。保育園では集団生活に馴染んでいますが、言葉が伝わらず手が出ることも多いようです。個別活動を行う中で低緊張の緩和を目指すとともに、生活スキルとコミュニケーション能力の向上を支援し、保育園の集団の中で、より周囲とのコミュニケーションを図れるようになることを目指します。

○支援目標及び具体的な支援内容等

項目	支援目標（具体的な到達目標）	支援内容	
		内容・支援	5領域
本人支援	唇や舌を使った遊びやマッサージを行い、低緊張からくる不明瞭な発音を改善する。	●活動開始前に水を口に含んで吐き出す「ぐちゅぐちゅうがい」、口周りを含む全身のマッサージを行う（いずれも低緊張へのアプローチ）。 ●口周りの筋力強化のため、「吹く遊び」を行う。 ●音韻を意識して発音の練習を行う。	運動・感覚／言語・コミュニケーション
本人支援	身の回りのことや自分がしたい遊びを、自分の力でできるようになる。	●活動開始前に手の平のマッサージ、ビジョントレーニングを行う。 ●粗大運動、微細運動を偏りなく取り入れ、様々な動きの経験ができるようにする。低緊張であることに留意し、適宜サポートをしながら満足感や達成感を味わえるようにする。 ●微細運動を行う際には見るポイントが分かりやすいよう、教具の配色に十分配慮する。	運動・感覚／健康・生活
本人支援	自分の意思で4～5人の小集団活動に参加できる。	●小集団への参加に導くため、まずはこども2人対大人1人の活動をくり返し行う。それに慣れてきたら徐々に人数を増やしていく。 ●小集団での活動内容は、得意なことを5割、少し頑張ればできることを5割入れる。	人間関係・社会性
本人支援	自分のペースで課題と向き合い、できることが増える。	●活動開始前に全身マッサージを行い、心身の安定を図る。 ●ビジョントレーニングで目と手の協応を養う。 ●課題の手順を覚え、見本通りに取り組む。 ●色や形、大きさへの興味を広げる。	認知・行動／言語・コミュニケーション

	支援目標（具体的な到達目標）
家族支援	本人の要求を受け止めながら、できるようになってほしいことについて、家庭でもスモールステップで取り組めるようにする。
移行支援	保育園での活動に参加しやすいように、場面切り替えや行事参加、コミュニケーションの方法を具体的に伝え、情報共有を図る。
地域連携 地域支援	療育センターでの言語訓練、作業療法訓練を見学し、そこで得られた知識を支援に反映させる。

おもな特性	● ダウン症特有の低緊張があり、それに伴い指先の不器用さや歩行に特徴がある。 ● 発語は5語程度。スムーズなコミュニケーションは難しい。

利用児氏名：　　　　　　　　　　　作成年月日：　　年　　月　　日

長期目標 （内容・期間等）	意欲を持って活動に参加し、身近な人とのふれあいを楽しめるようになる。	支援の標準的な提供時間等 （曜日・頻度、時間）
短期目標 （内容・期間等）	●発語やジェスチャーなどで思いを伝え、心身ともに安心して過ごせる。 ●身の回りのことを中心に、自分でできることが増える。 ●大人と一緒に集団活動に参加することで心身の安定を図り、自主的に参加しようとするようになる。	個別・集団：毎週火曜日・木曜日 　　　　　9：15～11：00 ※個別は特定の保育士が担当。

（内容・支援の提供上のポイント・5領域との関連性等） 活動プログラム		達成時期	担当者 提供機関	留意事項	優先順位
【ストロー遊び】 息を吹きかけたり、ストローで吹いたりして、紙吹雪を飛ばす。ストローで卓球の球を転がす。シャボン玉を吹く。	【ゆっくり発音する練習】 音韻数に合わせて手をたたく。手をたたきながら一緒に発音。生活の中であいさつや要求をゆっくり丁寧に話すよう促す。	6か月後	保育士	専門的支援実施加算については、別紙参照。	1
【運動遊び・指先遊び】 低い平均台や踏み台（運動用）、フープでサーキット遊び。丸シール貼り、容器から容器へ物のあけ移し、お絵描き。	【日常生活動作の活動】 フェルトのボタンはめ・はずし、自分の衣服でボタンはめ・はずし。靴下を履く。水筒のふたを開ける。階段の上り下り。	6か月後	保育士	苦手な微細運動については、好きなままごと遊び、人形遊びも取り入れていく。	2
【こども2対大人1の活動】 スティッキーゲーム（友達と交互にスティックを抜き、倒したら負け）、友達と力を合わせてトングでポンポンをつまむ。	【4～5人の小集団活動】 名前を呼ばれて返事、みんなで手遊び・歌遊び、簡単なルールを守ってゲーム遊び、みんなで力を合わせてシール貼りなど。	6か月後	保育士	小集団での活動は強制ではなく、あくまでも自分の意思で参加できるように寄り添い、励ますようにする。	3
【遊びの準備、片づけ】 型はめパズル、お絵描きなど、道具を箱から出して準備し、遊び終わったら片づける。	【集中して課題に取り組む】 ピースが少ないジグソーパズル、背景が黒い塗り絵、ひも通しなどの課題に、指示をよく聞いて取り組む。	3か月後	保育士		4

支援内容（内容・支援の提供上のポイント等）	達成時期	担当者 提供機関	留意事項
●低緊張による指先の不器用さや歩きづらさ、発音の不明瞭さなど、本人の困りごとを十分理解した上で、少しずつできることを増やしていけるよう、家庭でできる支援を提案する。 ●保護者面談で「できるようになったこと」「やり方がうまくいかずに困っていること」を伺い、次のステップを具体的に提示する。	6か月後	児童発達支援管理責任者、 保護者	家族支援加算（Ⅰ）：2か月に1回のペースで面談を実施。
●場面の切り替えが難しい際は、次の活動内容を絵や写真で伝える、仲のよい友達と一緒に誘う、話題を変えて移動を促すことを提案する。 ●行事への参加は友達の様子を見ることから始め、参加できそうな場面から徐々に参加する時間を増やしてもらう。 ●コミュニケーションでは、表情の変化や身振り手振りによるジェスチャーを見逃さず、肯定的に受け止めることで信頼関係が深まることを伝える。	6か月後	児童発達支援管理責任者、 保護者、 〇〇保育園	関係機関連携加算（Ⅰ）：6か月に1回のペースで連携会議を実施。
●療育センターの言語聴覚士、作業療法士と話し合い、事業所でのこどもの状況を伝えた上で、実施できる支援内容について互いに検討をする。 ●知り得た情報について、保育園とも共有を図る。	6か月後	児童発達支援管理責任者、 〇〇保育園、 □□療育センター	関係機関連携加算（Ⅲ）：6か月に1回のペースで連携会議を実施。

Chapter 3　5領域対応 個別支援計画案14ケース

ケース 5
発音が不明瞭・下半身にふらつきがある（5歳児）

個別支援計画書

利用児及び家族の生活に対する意向	●いろいろな遊びを楽しみたい（本人）。 ●友達と楽しんで遊べるようになってほしい（保護者）。　●手足や指先を使う力をつけてほしい（保護者）。 ●言葉に不明瞭さがあるため、正しい発音でしゃべれるようになってほしい（保護者）。
総合的な支援の方針	小脳に疾患がある疑いがあり、発音が不明瞭で、コミュニケーションの困難さや下半身のふらつきが見られます。力加減や距離感を調整することが難しく、周囲とトラブルになることもあります。大人と一緒に遊ぶ中でやり取りの成功体験を積み、他児との遊びにつなげていきます。たくさん話をして「伝わった」という経験を積んだり、簡単な質問に答えて「聞いて答える」という経験を積んだりしていきながら、一斉指示を聞いて行動に移すことができるように支援していきます。また、楽しみながら運動遊びや手遊びをして、身体や指先の動きにつなげたり、口を動かす遊びを行い、口腔の体操につなげたりしていきます。

○支援目標及び具体的な支援内容等

項目	支援目標（具体的な到達目標）	支援内容 内容・支援	5領域
本人支援	●感触遊びでいろいろな感触の違いを知る。 ●身体を動かすことを楽しみ、身体の使い方を知る。	●いろいろな感触遊びで、大人が「気持ちいいね」「やわらかいね」「かたいね」などと伝えながら、本人の感じた感触を共有していく。 ●「身体を動かすことが楽しい」と思えるような、本人のできる動きを取り入れる。身体の部位を触ったり、手先や足先に刺激を入れたりしてから運動を始め、身体の先端に意識が向くようにしていく。	運動・感覚／言語・コミュニケーション
本人支援	友達と一緒に遊ぶことを楽しめる。	●他児に興味が出てきているので、まずは大人との1対1の遊びから始め、徐々に他児と同じ空間で遊べるようにしていく。 ●本人の気持ちを聞いたり、友達の気持ちも伝えたりしながら、互いの気持ちをすり合わせていく。玩具の貸し借りなどで必要な言葉を大人が見本となり獲得できるようにする。トラブルが起きた時はすぐに止めず、危険のない限りは見守っていく。	人間関係・社会性／言語・コミュニケーション
本人支援	大人の一斉指示を聞いて、行動できる。	●一斉指示を始める前に、本人の名前を呼んだり、本人が親しみやすい手遊びを大人と一緒に行ったりして、どこに注目するとよいかが分かるようにしていく。 ●一斉指示を理解して行動できた時や、しようとしている過程をしっかり認め、自信につなげていく。	認知・行動
本人支援	衣服の着脱において、自分で最後まで着替えようとする。	●身体の部位が分かる手遊びや狭い所をくぐったり渡ったりする運動を取り入れ、自分の身体の先端がどこかを認識する。 ●衣服の着脱では、本人が自分でできるところは見守り、衣類が乱れている時は、どこが乱れているのかを大人と一緒に触って分かるようにして直していく。	健康・生活／認知・行動／運動・感覚
本人支援	●知っていることを話せるようになる。 ●スムーズに口や舌を動かせるようになる。	●大人が簡単な質問をし、それに答えることで、言葉でのコミュニケーションの楽しさを味わえるようにしていく。 ●言葉が不明瞭な時は大人が正しい発音でくり返すことで、正しい発音を獲得できるようにしていく。 ●息を吹く・吐くなどの活動で、口や舌の動きを円滑にしていく。	言語・コミュニケーション

支援目標（具体的な到達目標）

家族支援	面談を通して、保護者の心配ごとや不安が軽減できるように話をする。
移行支援	日常的な連携に加え、保育園を訪問して支援内容の共有を図る。
地域支援・地域連携	関係機関で役割分担を行うとともに、具体的な支援方法などの情報を共有する。

おもな特性	●言葉に遅れがあり、発音が不明瞭。 ●力加減や距離感の調整が難しく、周囲とトラブルになりやすい。 ●下半身にふらつきがある。

利用児氏名：　　　　　　　　　　　　　作成年月日：　　年　　月　　日

長期目標 (内容・期間等)	●友達と一緒に遊べるようになる。 ●大人の一斉指示を理解して行動できるようになる。 ●大人や友達とスムーズに話せるようになる。	支援の標準的な提供時間等 (曜日・頻度、時間)	
短期目標 (内容・期間等)	●身体や手先を楽しみながら動かせるようになる。 ●大人といろいろな話をしたり、指示を聞いて行動するようになる。 ●衣服の着脱などを自分でやろうとするようになる。	小集団：毎週火曜日 　　　　10：00～11：45 個　別：隔週月曜日 　　　　16：00～17：00	

(内容・支援の提供上のポイント・5領域との関連性等)

活動プログラム		達成時期	担当者 提供機関	留意事項	優先順位
【感触遊び】 小麦粉粘土、氷、砂、スライム、絵の具などを手で触って感触を楽しむ。	【サーキット】 揺れる、滑るなど全身を大きく動かす動きから始め、片足立ち、ジグザグ歩き、手足をクロスさせる動きに発展する。	6か月後	理学療法士、保育士	専門的支援実施加算については、別紙参照。	1
【大人と1対1の見立て遊び】 大人が添えた言葉でイメージを広げながら、一緒に見立て遊びを楽しむ。	【他児とのごっこ遊び】 少しずつ他児も遊びに誘っていきながら、並行遊びから他児とのごっこ遊びに展開する。	6か月後	保育士		3
【お返事ごっこ】 大人に名前を呼ばれた際、自分が呼ばれていることを認識し、「はい」と答えたりして、人に注目する。	【手遊び】 「グーチョキパーでなにつくろう」「とんとんとんとんひげじいさん」など両手が同じ動きから始め、左右が違う動きの手遊びに発展させる。	6か月後	保育士		4
【身体の部位が分かる手遊び】 「あたまかたひざポン」「さかながはねて」などの手遊びをして身体の部位を知る。	【身体の先端が分かる運動】 狭い所をくぐる・渡る、横転するなど、自分の身体の先端が分かる運動をする。	6か月後	保育士		5
【絵カードでコミュニケーション】 絵カードを見ながら、物の名前を言ったり、大人からの質問に対して答えたりする。	【口腔体操】 ストローや紙コップを使って、息を吹いたり、吐いたりする遊びをして口腔体操を行う。	6か月後	言語聴覚士、保育士	専門的支援実施加算については、別紙参照。	2

支援内容 (内容・支援の提供上のポイント等)	達成時期	担当者 提供機関	留意事項
送迎時に活動の様子を保護者に伝えたり、家庭での心配ごとを電話や面談などで聞きながら、本人の成長を一緒に考え、不安を軽減していく。	6か月後	児童発達支援管理責任者、保護者	・子育てサポート加算：6か月に1回を想定し、家庭で実践できる支援方法を提案していく。 ・家族支援加算（Ⅰ）：3か月に1回を想定し、家族の相談にのっていく。
●保育園からの連絡事項と当事業所の連絡事項を相互に確認し、日々の様子を共有する。 ●必要に応じて保育園を訪問し、具体的な関わり方やモデルを示す。	6か月後	児童発達支援管理責任者、保護者、〇〇保育園	
●定期的に連携会議を開催し、本人の意思を大切にした関わり方の情報交換をする。 ●本人が通っている他の児童発達支援事業所での活動内容や本人の様子を聞き、役割分担を確認する。	6か月後	児童発達支援管理責任者、〇〇保育園、児童発達支援事業所△△、相談支援事業所□□、◇◇小児科	関係機関連携加算（Ⅲ）：必要に応じて連携会議を開催する。

Chapter 3　5領域対応 個別支援計画案14ケース

ケース 6 他者への関心が低い（2歳児）

個別支援計画書

利用児及び家族の生活に対する意向	●いろいろな物で遊びたい（本人）。 ●就園までに、少しでも自分でできることが増えてほしい（保護者）。 ●人との関わりを楽しんでほしい（保護者）。
総合的な支援の方針	物への関心が強く、いろいろな物を舐めたり、かんだりする姿が見られます。他者への関心が低く、人に視線を向けたり、目を合わせたりすることが少ないようです。相手との距離が近すぎていやと感じた時や、自分の思いと違った時は、かんだり引っ掻いたりして表現します。音がする方に視線を向けられるので、音を鳴らして注意を引くなどしながら、家族以外の人とふれあい、関わりを楽しめる活動を取り入れていきます。嬉しいことがあると両手をたたいたり笑顔を見せたりして、興味がある物には意欲的に触れに行く姿があります。その意欲を認めつつ、就園に向けて、手洗いや衣服の着脱など、大人の介助を受けながら自分でやろうとすることを増やしていけるように支援していきます。

○支援目標及び具体的な支援内容等

項目	支援目標（具体的な到達目標）	支援内容 内容・支援	5領域
本人支援	家族以外の大人と一緒に過ごせる。	●家族以外の大人と過ごすことで、いろいろな人と関わりを持てるようにする。 ●人への関心は低いが、音に反応するので、手をたたいて音を立ててから名前を呼ぶなどして、人に視線が向くようにする。	人間関係・社会性
本人支援	大人とコミュニケーションをとり、いろいろなことに興味・関心が持てるようになる。	●本人の好きな絵本やペープサートを取り入れ、言葉や物事に興味や関心を持てるようにする。 ●いろいろな素材の玩具を準備しておき、本人が遊ぶ姿に「これは○○だね」と言葉を添えたり、大人の見本を見てもらったり、一緒に遊んだりして、物や玩具の使い方を知れるようにしていく。 ●本人の気持ちや行動に「○○だね」と言葉を添えることで、分かることを増やしていけるようにする。	言語・コミュニケーション／認知・行動
本人支援	いろいろな身体の動きや感覚を身につける。	●事業所の生活の中で、大人と一緒に手を洗ったり、着替えたりすることを経験しながら、自分からやってみたいという意欲を育てていく。 ●手を洗う時には、石けんを見せるなど、今からすることを物や絵など目で見て分かるように提示し、言葉と動作が結びつくようにする。	健康・生活／認知・行動
本人支援	●たくさん身体を動かして遊ぶ。 ●いろいろな物を見たり触れたりする。	●歩く、走る、止まる、身体を伸ばすなどの動きを取り入れた遊びを通して身体をたくさん動かす機会をつくる。 ●ジャンプ、揺れ、回転など、感覚を刺激する動きを活動に取り入れる。	運動・感覚

	支援目標（具体的な到達目標）
家族支援	保護者に支援の様子を見ていただく機会や、保護者間で交流できる機会を設ける。
移行支援	就園に向け、集団生活に慣れられるよう、園と連絡を取り合う。
地域連携 地域・支援	関係機関と支援に活用できる具体策を提案し合い、支援方法を統一する。

58

おもな特性	●目が合わず、他者への関心が低い。 ●コミュニケーションが困難。 ●人が寄ってきたり、いやなことがあったりするとかみつく。

利用児氏名：　　　　　　　　　　　作成年月日：　　年　　月　　日

長期目標 (内容・期間等)	●家族以外の人といろいろな遊びや活動が楽しめる。 ●身の回りのことを自分でやろうとするようになる。	支援の標準的な提供時間等 (曜日・頻度、時間)
短期目標 (内容・期間等)	●家族以外の大人と一緒に過ごせる。 ●いろいろな遊びを知って楽しめる。 ●身体を動かし、いろいろな感覚を身につける。	小集団：毎週火曜日 　　　　9：30～11：20 個　別：毎週水曜日・金曜日 　　　　10：00～11：30

(内容・支援の提供上のポイント・5領域との関連性等)

活動プログラム		達成時期	担当者 提供機関	留意事項	優先順位
【ふれあい身体遊び】 大人に優しく抱かれる、身体をくすぐられるなどのふれあい遊びを通して、大人とのコミュニケーションやスキンシップを楽しむ。	【ふれあい遊び歌】 「一本橋こちょこちょ」「ラララぞうきん」などの遊び歌に合わせて、大人とふれあい、遊ぶ心地よさを味わう。	2か月後	保育士	専門的支援実施加算については、別紙参照。	1
【絵本やペープサートを楽しむ】 本人の好きな絵本やペープサートを見たり聞いたりして、面白いと感じて物事に興味・関心を持つ。	【玩具で遊ぶ】 「ハンドスピナー」「ボール落とし」「センサリーボトル」など、回ったり、動いたりする玩具の使い方を知り、大人と一緒に遊ぶ。	2か月後	保育士	専門的支援実施加算については、別紙参照。	2
【手洗い】 大人が「手を洗います」と言葉で伝えて石けんなどを見せ、一緒に取り組むことで、自分でやろうとする意欲を持つ。	【着替え】 本人ができることは見守り、難しいところは少し手伝いながら、大人と一緒に着替えることで、「自分でできた体験」を積んでいく。	6か月後	保育士		4
【遊具で身体を動かす遊び】 自分で好きな遊具を選んで遊び、身体を動かす楽しさを味わう。	【感覚を刺激する遊び】 大人と手をつないでエアーマットやトランポリンでジャンプする。大人が抱っこして、揺れたり回転したりして、感覚を刺激する。	6か月後	保育士		3

支援内容 (内容・支援の提供上のポイント等)	達成時期	担当者 提供機関	留意事項
●実際の支援場面を見てもらいながら本人の成長を一緒に喜び、家庭でできる具体的な支援を伝えるなどして、保護者の不安を軽減していく。 ●定期的に保護者会や座談会を開催し、保護者間で交流が持てる機会をつくっていく。	6か月後	児童発達支援管理責任者、保護者	・子育てサポート加算：6か月に1回を想定し、家庭で実践できる支援方法を提案していく。 ・家族支援加算（Ⅰ）：3か月に1回を想定し、家族の相談にのっていく。 ・家族支援加算（Ⅱ）：6か月に1回を想定し、座談会や保護者会にて相談にのっていく。
●就園した際に集団で戸惑わないよう、小集団での活動を増やしていく。 ●就園先の園と情報を共有する。	6か月後	児童発達支援管理責任者、保護者、○○こども園	
連携会議を開催して情報を交換し、支援方法を統一することで本人に迷いが生じないようにする。	6か月後	児童発達支援管理責任者、児童発達支援事業所○○、△△相談支援事業所、□□小児科	関係機関連携加算（Ⅲ）：3か月に1回を想定し、それぞれの機関からの情報を共有していく。

Chapter 3　5領域対応 個別支援計画案14ケース

ケース 7

多動性が強い・記憶が苦手（5歳児）

個別支援計画書

利用児及び家族の生活に対する意向	●友達や先生の名前を覚えたい（本人）。　●落ち着いて話を聞き、ゆっくり話せるようになってほしい（保護者）。 ●朝起きてから幼稚園に行くまでの準備を、1人でできるようになってほしい（保護者）。 ●ひらがなや数字を覚えて安心して小学校入学を迎えたい（保護者）。
総合的な支援の方針	3歳半健診時に言葉の遅れの指摘があり通院することに。気になる物があるとすぐに走って行くなど多動傾向があります。協調運動を苦手としており、目と手、手と足の協調運動がスムーズにいかず、動きにぎこちなさが見られます。また情報量が多いと処理しきれず、人の名前を覚えるのに時間がかかったり体験した出来事を忘れてしまったりする姿があります。園からは、指示が通らない、落ち着きがないとお話がありました。必要なことを整理したり、落ち着いて話を聞いたりできる環境を整え、一つ一つの事柄をよく考える習慣がつけられるように支援していきます。就学も意識し、人との関わりの中で生活していくために必要なことを少しずつ身につけ、文字や数へも興味・関心を持てるような取り組みをしていきます。

○支援目標及び具体的な支援内容等

項目	支援目標（具体的な到達目標）	支援内容	
		内容・支援	5領域
本人支援	人の名前や身の回りの整理など、園や事業所での生活に必要なことを覚える。	●活動開始前に全身のマッサージをし、心身のリラックスを図る。 ●事業所の職員や友達の名前を覚え、自信を持って呼べるようにするため、記憶の苦手さに対する働きかけや活動を取り入れる。 ●荷物の整理整頓の仕方を身につけられるよう、個別にサポートする。	健康・生活／認知・行動
本人支援	説明をよく聞き、活動に参加できるようになる。	●大人と1対1で対象物をきちんと見て話を聞き、内容を理解できるようにする。その際、見るポイントに印をつける、必要最低限のことだけを言葉で伝えるなど、理解しやすいように配慮する。 ●こども2人対大人1人で活動を行い、隣の友達が気になっても話に集中できるようにする。 ●5～6人の小集団で説明を聞き、活動に参加できるようにする。	認知・行動／言語・コミュニケーション／人間関係・社会性
本人支援	ひらがなや数字に興味・関心を持ち、読んだり書いたりするようになる。	●ひらがなや数の認識の度合いを把握し、段階的に課題に組み込む。 ●ひらがなや数字にどの程度興味を持っているか、またどの程度覚えているかを把握し、強制することがないよう十分に気をつける。 ●ゲームの中に文字や数を取り入れ、興味を持てるようにする。	言語・コミュニケーション／認知・行動
本人支援	しっかりと対象物を目で追う眼球運動や協調運動ができるようになる。	●動きが止まっているもの・動いているものを見て、指示された物を見つけたりキャッチしたりする活動、自分が動きながら動いている物をキャッチする活動を取り入れる。 ●楽しみながら目、手、足を使うゲームを取り入れる。	運動・感覚

支援目標（具体的な到達目標）

家族支援	室内環境をなるべく簡素に整えることで情報が整理しやすくなることを伝え、本人の困難さの軽減を図る。
移行支援	落ち着いて活動に参加できるように環境設定や声かけを園に提案する。
地域支援・地域連携	病院での言語訓練の様子や検査結果を伺い、事業所での日常的なやり取りや支援に反映させる。

おもな特性	●気になる物があるとすぐに走って行く。 ●協調運動が苦手。 ●情報の整理や記憶が苦手で、情報量が多いと処理しきれない。

利用児氏名：　　　　　　　　　　　　作成年月日：　　年　　月　　日

長期目標 （内容・期間等）	今すべきことに注目して、活動に参加できるようになる。	支援の標準的な提供時間等 （曜日・頻度、時間）
短期目標 （内容・期間等）	●必要なことをしっかり見聞きして覚え、自信を持って行動できるようになる。 ●人の話をよく聞いて行動できるようになる。 ●相手に伝わる話し方で話せるようになる。	個別・小集団：毎週火曜日・木曜日 　　　　　　　13：30～16：00 ※個別は特定の保育士が担当。

（内容・支援の提供上のポイント・5領域との関連性等）

活動プログラム		達成時期	担当者提供機関	留意事項	優先順位
【名前を覚える】 その日一緒に活動した大人や友達の名前、送迎に来た担当者の名前を覚える。覚えた名前を帰る前にもう一度確認する。	【記憶ゲーム】 3個の紙コップの中に好きな動物フィギュアを記憶しながら入れ、その後何を入れたか自分で当てる。決められた範囲内にカードや玩具を自分で隠し、自分で探し出す。	2か月後	保育士	専門的支援実施加算については、別紙参照。	1
【個別で説明を聞く】 説明を聞いたり見本を見たりしながら、園の制服を畳んでかばんに入れたり、衣服の前後や靴下のかかとの位置に気をつけながら着替える。	【小集団の中で説明を聞く】 小集団で説明を聞いて、課題に合った絵を描いたり、見本通りの折り紙製作をしたり、テーマに沿った話し合いの中で意見を述べる。	6か月後	保育士		2
【個別でのひらがな・数遊び】 個別でひらがな・数字探し、ひらがな・数字なぞり、物の名称が書かれた付箋を実際の物に貼りつけるゲーム、迷路、点つなぎをする。	【小集団でのひらがな・数ゲーム】 5～6人で紙に書かれた物を室内で探す、指示を読んで物を探すなど、ゲーム形式でひらがな、数に触れる。	3か月後	保育士		3
【物のかくれんぼゲーム】 キャラクターや文字などがちりばめられたホワイトボードから、指定された物を探す。	【風船バレー・転がしドッジボール】 まずは、的を目がけて手ややわらかい棒でタッチする、やわらかいボールを投げる。その後大人と1対1、他児4～5人と風船バレーや転がしドッジボールをする。	6か月後	保育士		3

支援内容（内容・支援の提供上のポイント等）	達成時期	担当者提供機関	留意事項
●着替えるスペース、荷物を準備するスペースなど、家庭内でも場所を決めて行うこと、その場所に必要最低限の物だけを置くことを提案する。 ●情報量が多いと処理しきれない特性について丁寧に説明し、掲示物や持ち物、玩具が散乱しないようアドバイスをする。	6か月後	児童発達支援管理責任者、保護者	家族支援加算（Ⅰ）：2か月に1回のペースで面談を実施。
●気になる物が目に入らない場所に席を設けてもらう。 ●指示が出るとすぐに動き出して混乱するため、保育者は本人に「どんな話をしたか」「何をすればよいか」を尋ね、確認してから行動できるようにしてもらう。	6か月後	児童発達支援管理責任者、保護者、○○こども園	関係機関連携加算（Ⅰ）：6か月に1回のペースで連携会議を実施。
病院の言語聴覚士と話し合い、検査結果等が事業所での支援内容と差異がある場合には再度アセスメントを行い、望ましい支援ができるようにする。	6か月後	児童発達支援管理責任者、保護者、△△病院	関係機関連携加算（Ⅲ）：6か月に1回のペースで連携会議を実施。

Chapter 3　5領域対応 個別支援計画案14ケース

ケース 8 発語がない・歩行が不安定（4歳児）

個別支援計画書

利用児及び家族の生活に対する意向	●好きなことをして楽しく遊びたい（本人）。 ●言葉でのコミュニケーションが増えてほしい（保護者）。
総合的な支援の方針	先天性心疾患のため、生後1歳までは入退院をくり返しており運動やミルク量の制限がありました。2歳を過ぎても発語がなく、歩行にも不安定さがあるため主治医に相談し児童発達支援につながっています。このような経緯から、本人のペースや体調面に配慮しながら、他児との関わりを通して活動の幅や視野を広げていきます。好きな遊びや活動から単語の習得及び表出を促して言語面の向上を支援。気持ちを表す手段としてのジェスチャーは、家庭と統一できるように連携していきます。現在、保育所等には通っていないので、将来的に保育所等への移行を目指し、食事や睡眠などの日常生活面をサポートする取り組みもしていきます。

○支援目標及び具体的な支援内容等

項目	支援目標（具体的な到達目標）	支援内容 内容・支援	5領域
本人支援	単語に近い音を出すことができる（単語の最初の音でもよい）。	●舌、口唇、下あごを協調して動かす練習を、大人と遊びながら楽しむ。 ●お集まり（朝の会）などで、他児が名前をよばれたら「ハイ」と言ったり手をあげたりする姿を見て、まねることからやってみる。 ●感覚遊びを行う時は、オノマトペ（擬音語、擬態語、擬声語、擬容語、擬情語）を用いて動きや状態の表現をする（ベトベト、ごろごろなど）。	運動・感覚／言語・コミュニケーション／人間関係・社会性／認知・行動
本人支援	食事の時にスプーンやフォークを自分で持つことができる。	食べ物を手づかみで口に運ぶ現在の姿も認めながら、スプーンやフォークを持つことを促す。フォークで食材を刺せるように大人が介助し、口に運ぶことを練習していく。	健康・生活
本人支援	ジェスチャーで気持ちを伝えることが増える。	●リズム遊びや手遊びなどで音楽と身体の動きを結びつけ、言葉を使わない自己表現方法を学べる活動を取り入れる。 ●ごっこ遊びや簡単なやり取りを表現につなげていく。 ●「悲しい」「楽しい」「いやだ」「もう1回」「おいしい」などのジェスチャーを家庭と統一させる。	言語・コミュニケーション／人間関係・社会性／認知・行動／運動・感覚
本人支援	姿勢保持ができるようになる。	●バランスボールでバランスを取る遊びやゲームをする。転ばないように意識して座る感覚をつかむ。 ●ストレッチやマッサージをする。身体のかたさも見られるため、こども向けの簡単なヨガポーズを取り入れる。	運動・感覚

支援目標（具体的な到達目標）

家族支援	本人の気持ちの表現方法や生活リズムの整え方について、家庭と共有し、調整を進めていく。
移行支援	地域の園と連携し、保育所等への移行を目指す。
地域支援・地域連携	関係機関との連携会議で本人の状態を把握し、支援に反映していく。

おもな特性	●発語がない。 ●歩行が不安定。 ●斜視。

利用児氏名：　　　　　　　　　　　作成年月日：　年　月　日

長期目標 （内容・期間等）	●気持ちを言葉にできるようになる。 ●コミュニケーション力を身につける。	支援の標準的な提供時間等 （曜日・頻度、時間）
短期目標 （内容・期間等）	●新しい場所や、事業所への通所のリズムに慣れる。 ●ジェスチャーなどで気持ちを伝えられる。 ●楽しみながら食事をし、睡眠リズムを整え、安定した生活ができる。	個別・小集団：毎週月曜日・水曜日・金曜日 　　　　　　10：00〜15：00 ※個　別 10：00〜12：00、 　小集団 13：30〜15：00。

Chapter 3　5領域対応 個別支援計画案14ケース

（内容・支援の提供上のポイント・5領域との関連性等）

活動プログラム		達成時期	担当者 提供機関	留意事項	優先順位
【口を動かす遊び】 吹き戻しやストローを使ってピンポン玉を吹くなど、口を動かす遊びをする。	【感覚遊び】 小麦粉粘土、スライムづくり、新聞紙遊び、砂遊び、フィンガーペイント。滑り台やブランコなど身体全体を使った、感覚を得られる遊び。	6か月後	言語聴覚士、保育士	専門的支援実施加算については、別紙参照。	1
【微細運動】 ピンセットやトングを使って玩具をすくう遊び。玩具の食器セット、食べ物のミニチュアを使用。	【食具を使った食事】 大人に援助されながら、スプーンに食べ物をひと口量のせて、こども自身が食具を使って食べる。大人に「おいしいね」と声をかけられながら食事を楽しむ。	6か月後	作業療法士、保育士	食事の時は常にそばにつき、嚥下に注意をはらい、水分摂取も促す。小さなビーズが口や鼻、耳に入らないように注意し見守る。	2
【リズム遊び】 太鼓などを使って手拍子や足でステップを踏むなど、リズムに合わせて身体を動かすことを楽しむ。	【手遊び】 「どんぐりころころ」「グーチョキパーでなにつくろう」「いとまきのうた」などの手遊びをする。	6か月後	保育士、言語聴覚士、作業療法士	音に敏感であるため「音量」「楽器の種類」に配慮すること。	3
【バランスゲーム】 バランスボールに座ってバランスを取り、どれくらいバウンドできるか、座りながらキャッチボールにチャレンジする、などのゲームをする。	【ヨガ遊び】 こども向けの簡単なヨガポーズ（猫のポーズ、コブラのポーズ、犬のポーズ、山のポーズ、木のポーズ）をして遊ぶ。	6か月後	作業療法士、保育士	体幹が弱いためぐらつきがあるので、常に本人の隣に立ちサポートする。	4

支援内容（内容・支援の提供上のポイント等）	達成時期	担当者 提供機関	留意事項
●事業所での様子を電子連絡（文章と写真）を使って伝える。 ●気持ちを伝えるジェスチャーの仕方を、事業所と家庭で同じになるように伝え合う。 ●帰宅後の生活リズムを整えるために、事業所での午前中の活動では身体を動かして遊び、昼食や午睡の時間を設定する。	6か月後	児童発達支援管理責任者、保護者	家族支援加算（Ⅰ）：月1回の頻度で面談をし、保育士との具体的なやり取りをモデルにして、家庭での実践も踏まえたフィードバックを行う。
地域の保育園やこども園で実施している「園庭開放」や「ミニ運動会」の情報を収集し、保護者や本人と実際に参加してみる。本人や保護者が負担にならない環境を選定する。	6か月後	児童発達支援管理責任者、保護者	
関係機関からの情報に基づいて、支援方法や関わり方の提案や関わり方のポイントについて話し合う。	6か月後	児童発達支援管理責任者、保護者、○○医療センター	関係機関連携加算（Ⅲ）：6か月に1回程度の頻度で連携会議を開催する。

63

ケース 9　発音が不明瞭・手先が不器用（5歳児）

個別支援計画書

利用児及び家族の生活に対する意向	●みんなと楽しく遊びたい（本人）。 ●人とコミュニケーションができるようになってほしい（保護者）。 ●日常生活の動作ができるようになってほしい（保護者）。
総合的な支援の方針	言葉の発音に不明瞭さがあり、意味の理解も低いため、他者との会話が困難です。まずはマンツーマンで言葉の一つ一つの意味や発音、コミュニケーションをとるためのあいさつややり取りの手段を学ぶことで社会性を身につけていき、集団の中で練習を積み重ねて経験を増やします。やる気があり、朗らかな性格である本人のよいところを認めながら、活動参加などの意欲を高めていきます。ボディイメージが弱く、手先の不器用さがあるため、粗大運動や微細活動を取り入れ、日常生活動作の向上を支援します。また、てんかん発作があるため、医療機関と連携してサポートしていきます。

○支援目標及び具体的な支援内容等

項目	支援目標（具体的な到達目標）	支援内容 内容・支援	5領域
本人支援	●箸を使えるようになる。 ●衣服の着替えができるようになる。	●フォークの持ち方が箸の持ち方（三点持ち）に近くなっているので、箸での食事を増やしていく。 ●衣服を着替える時に襟のタグの位置を見て前後が分かるように練習する。ズボンの前側にワッペンをつけて本人が分かるようにする。 ●靴の左右が分かりやすいようにマークをつけるなどして、靴を履く、靴を脱ぐ、靴箱に片づける練習をする。	健康・生活
本人支援	●転倒しないで歩行ができるようになる。 ●手先の力がつく。	●飛び跳ねながら手足を大きく動かして移動する姿があり、転倒の危険があるので、音楽に合わせて身体を動かすなど全身運動を取り入れ、ボディイメージを獲得する。 ●手先が不器用で力が入りにくいので、指先を使う活動プログラムを行う。	運動・感覚
本人支援	●物の名前や機能を覚える。 ●数の概念を習得する。	●物の名前や機能を把握するために、大人とのマンツーマン体制で覚えられるようにする。 ●数の概念を習得するために、「○○を○個持ってきてください」など数を用いたやり取りをする。	認知・行動／言語・コミュニケーション
本人支援	●物や友達の名前を覚える。 ●2語文、3語文を組み立てて話せるようになる。 ●言葉で思いを伝えられるようになる。	●絵カードなどを使って、大人とマンツーマンで物の名前を覚えたり、2語文、3語文を組み立てて話す活動を取り入れる。 ●友達の名前を覚え、名前を呼んで、「○○さん、○○を貸してください」などと相手に伝えることができるような機会を設ける。	言語・コミュニケーション／人間関係・社会性
本人支援	園で集団活動ができるように、他者との関わり方やルールを理解する。	●そばで大人がサポートしながら、少人数で司会を経験するなどの機会を増やしていく。 ●危険性のないルールのあるゲームを行い、人との関わりやルール理解につなげる。	人間関係・社会性／言語・コミュニケーション

支援目標（具体的な到達目標）

家族支援	事業所での活動内容を随時伝え、自宅での様子を伺う。
移行支援	関係機関と連絡を取り合い、情報交換を行う。
地域支援・地域連携	てんかん発作を起こさないよう体調管理をするため、関係機関との連携を行う。

おもな特性	●てんかん発作がある。 ●言葉の発達に遅れがあり、コミュニケーションが困難。 ●手先が不器用。

利用児氏名：　　　　　　　　　　　　　　作成年月日：　　年　　月　　日

長期目標 （内容・期間等）	好きな遊びを増やし、同年代の友達と一緒に様々な活動に参加できるようになる。	支援の標準的な提供時間等 （曜日・頻度、時間）	
短期目標 （内容・期間等）	●保育者を介して、こども園の友達とコミュニケーションがとれる。 ●箸が使えるようになり、衣服や靴の着脱がスムーズにできるようになる。	個別・小集団：毎週月曜日・水曜日・金曜日 10：00〜11：30	

（内容・支援の提供上のポイント・5領域との関連性等）

活動プログラム		達成時期	担当者 提供機関	留意事項	優先順位
【微細活動】 ボタンはめ、箸やトングでフェルトボール移動。	【微細活動（発展）】 体操着に着替えて片づける、上履きを脱いで靴を履く、靴を靴箱に入れるなどの動作の練習。クッキング。	6か月後	保育士	支援内容を家庭と共有し、ズボンにワッペンをつけてもらう。	1
【粗大運動】 椅子下くぐり、リズム運動、小さな半円型のバランスボールの上を歩く、足元の感覚運動をする。	【微細活動】 箸やトングでの物の移動、絵を描く、工作（粘土）、シール貼りワーク。	6か月後	保育士、理学療法士	専門的支援実施加算については、別紙参照。	2
【物の名前や機能を知る】 写真や図鑑などを見ながら、物の名前を覚えたり、物の機能を知ったりする。	【数の概念の習得】 カードや実際の物を使って、友達に「〇〇を〇個」持って行ったり、もらってきたりする。	3か月後	保育士	構造化の理論を取り入れたプログラムを行う。	3
【2〜3語文づくり】 絵カードなどを使い、まずは生活に必要な物の名前を覚えることから始め、徐々に2語文、3語文をつくる練習をする。	【ごっこ遊びでやり取り】 4〜5歳児で、ままごと遊びなどをしてコミュニケーションをとる。	3か月後	保育士	こども園の集団活動につなげてもらう。	1
【司会のイメージづくり】 マンツーマンで、絵本やDVDを通して、司会の予行演習を行う。	【司会の実践・ゲーム】 4〜5名の中で、順番に司会役を務める。椅子取りゲーム、じゃんけんゲームをする。	6か月後	保育士	こども園の集団活動につなげてもらう。	3

支援内容（内容・支援の提供上のポイント等）	達成時期	担当者 提供機関	留意事項
箸の持ち方、衣服や靴の着脱の際の支援の仕方や言葉かけなどを伝えて、家庭でも実践していただき、本人の自信につなげていく。家庭での様子も教えていただく。	6か月後	児童発達支援管理責任者、保育士、保護者	家族支援加算（Ⅰ）：3か月に1回のペースで面談を実施。
こども園と連絡を取り合う。また、他曜日に利用している児童発達支援事業所とも発達の様子の情報交換をする。	6か月後	児童発達支援管理責任者、〇〇こども園、△△児童発達支援事業所、▽▽相談支援事業所	
通院している医療機関と連携して、リハビリなどの情報を共有しながら、てんかん発作の重症化を防ぐようにしっかりサポートしていく。	6か月後	児童発達支援管理責任者、□□病院、◇◇医療センター	関係機関連携加算（Ⅲ）：6か月に1回のペースで連携会議を実施。

ケース 10　体幹が弱く、歩行が不安定（3歳児）

個別支援計画書

利用児及び家族の生活に対する意向	●友達と一緒にいろいろな遊びを楽しみたい（本人）。 ●同年代の友達と楽しく過ごせるようになってほしい（保護者）。　●運動機能や認知機能の発達を促したい（保護者）。
総合的な支援の方針	6～7か月健診時に「座位不安定と筋力低下」を指摘され、作業療法を開始しています。座位保持が困難で、椅子やソファに座っていてもずり落ちてしまう、膝を曲げずにお尻から座る姿があります。現状、地域の保育施設では受け入れが難しいとのこと。通園可能な園との併行利用ができるようにサポートしていきます。好きなことを通して自らの意思を持って動けるようにすること、身の回りのことを自分で行い快適に過ごすことが生活を充実させていくと考えられます。マッサージやふれあい遊びを通して安心して周囲に関わり、安全に配慮された環境で立つ、歩く、座るなど自分がしたい行動ができるようにします。また友達との関わりを楽しみながら、発達を促す活動を取り入れ、支援していきます。

○支援目標及び具体的な支援内容等

項目	支援目標（具体的な到達目標）	支援内容 内容・支援	支援内容 5領域
本人支援	特定の大人とのスキンシップを楽しみ、安心して周囲の環境に関われるようになる。	●好きな鏡が見える位置でマッサージをし、安心感を持てるようにする。 ●表情の変化や発声を見逃さず、しっかりと受け止め、気持ちを代弁したり共感したりする言葉をかける。 ●前後左右上下の揺れを取り入れた遊びで、全身の感覚器に働きかける。	運動・感覚／言語・コミュニケーション／人間関係・社会性
本人支援	身の回りを清潔に整え、衣服の調整をしてもらい、快適に過ごせるようになる。	●室温や換気に配慮しながら衣服の調整を行う。その際、汗の始末や水分補給も行い、さっぱりしたなどの気持ちの共有を図る。 ●鼻水を拭く、紙おむつを交換するなど、衛生に関する行為や衣服の調整を行う。「鼻が出ているね、きれいにしようね」「さっぱりしたね」など、状況の説明を行い、その結果どうなったのか、どんな気持ちなのかを代弁する。	健康・生活
本人支援	歩行や座る際のサポートを受け、安全に動けるようになる。	●歩行や活動の妨げとなる物は排除し、安全な環境を整える。 ●椅子からずり落ちないよう、滑り止めをつけた椅子を利用する。 ●本人がしたい動きに寄り添い、自主的に行動できるようサポートする。 ●室内での移動から始め、慣れてきたら戸外で歩く機会を設け、自分の意思で身体を動かす喜びを感じられるようにする。	運動・感覚／認知・行動
本人支援	様々な玩具に触れ、音や色、手触りなどの感覚の違いに気づき、そこから遊びを広げられる。	●好きな物、興味を持っている物を手掛かりに、遊びの幅を広げられるよう、様々な玩具、絵本などを提供していく。 ●やわらかい、かたいなどの感覚刺激を意識して取り入れ、新しい遊びの発見につながるような活動を提供する。感覚をままごと遊びやふれあい遊びなどの好きな遊びの中に取り入れられるようにする。	運動・感覚／認知・行動
本人支援	友達の存在を感じながら、そばで遊ぶことに喜びや楽しさを感じられるようになる。	大人との1対1の遊びを十分に楽しみつつ、そばで同じ遊びをする友達の存在を感じられるような環境を整える。	人間関係・社会性／言語・コミュニケーション

支援目標（具体的な到達目標）

家族支援	保護者の時間を確保することでリフレッシュを図るとともに、小さな成長を共有することで、子育ての楽しさを感じられるようにする。
移行支援	地域の保育園、幼稚園、こども園で受け入れてもらえるよう、身体機能の向上を目指す。
地域連携　地域支援	療育センターでの言語訓練、作業療法訓練を見学し、事業所内での声のかけ方や支援の仕方に反映させる。

おもな特性	●体幹が弱く歩行が不安定。座位保持が難しい。 ●嬉しい時、楽しい時は甲高い声で表現する。問いかけへの反応はほぼない。 ●視野が狭く、斜視もある。

利用児氏名：　　　　　　　　　　　　　　作成年月日：　　年　　月　　日

長期目標 (内容・期間等)	好きな遊びや身体を動かすことを増やし、同年代の友達と一緒に様々な活動に参加できるようになる。	支援の標準的な提供時間等 (曜日・頻度、時間)
短期目標 (内容・期間等)	●いろいろな活動に参加して興味や関心が広がり、好きなことが増える。 ●集団生活に慣れ、楽しく過ごせるようになる。 ●身体を動かす喜びを感じられるようになる。 ●身の回りを清潔にして、快適に過ごす気持ちよさを感じられるようになる。	個別：毎週月曜日・火曜日 　　　9：00〜12：00 ※特定の保育士に慣れたら、いろいろな保育士と過ごせるようにする。

(内容・支援の提供上のポイント・5領域との関連性等)

活動プログラム

活動プログラム		達成時期	担当者 提供機関	留意事項	優先順位
【マッサージ】 音楽を流す、果物の香りを漂わせるなどして、鏡の前で様子を見ながら安心してマッサージを受ける。	【手遊び・ふれあい遊び】 マッサージに加え、手遊びや歌遊び、バスタオルを使った揺れを楽しむ遊びをする。	2か月後	保育士	専門的支援実施加算については、別紙参照。	1
【気持ちよさの代弁・共有】 鼻水を拭く、汚れた口周りを拭く際は鏡を活用し、行っていることを見ながら、大人と一緒に行う。きれいになって気持ちがいいことを伝え、ごみを一緒に捨てる。	【衣服調整・着脱】 「頭を入れるよ」「足を上げるよ」など、その時の状況を大人が言葉で知らせ、大人と一緒に衣服の着脱をしようとする。	2か月後	保育士	専門的支援実施加算については、別紙参照。	2
【室内の探索活動】 室内の行きたい場所に自分で移動する。立つ、歩く、座る、寝転ぶなど、したい行動を自分の意思で行う。	【戸外散歩】 散歩ワゴンに乗って近所の公園まで出かける。公園内を大人と手をつないで歩く。草花や砂などに触れ、感触を楽しむ。	6か月後	保育士		3
【感覚遊び】 様々な感触のボールや鈴が入ったボールのプールに入る。やわらかめの小麦粉粘土遊び、ぬるま湯に花びらを入れて触れる。	【素材遊び】 シフォンスカーフやハンカチ、タオル、フェルトなどの布遊び。新聞紙、花紙、和紙、折り紙などの紙遊び。	6か月後	保育士		4
【大人と1対1の絵本遊び】 絵本をめくる。凹凸のある絵を触って感触を感じながら絵を楽しむ。絵本のフレーズを楽しむ。	【友達との絵本鑑賞】 友達と一緒に大人の膝に座り、興味を持った絵本を見る、短いお話を聞く。	6か月後	保育士		5

支援内容 (内容・支援の提供上のポイント等)

支援内容	達成時期	担当者 提供機関	留意事項
●保護者がプライベートの時間を気兼ねなく楽しめるよう、本人を預かった後の言葉かけに十分配慮する。 ●新しい玩具に手を伸ばした、大人とのアイコンタクトができたなど、毎回小さな成長を見逃さずに伝える。	6か月後	児童発達支援管理責任者、保護者	家族支援加算(Ⅰ)：2か月に1回のペースで面談を実施。
●歩行の安定、座位保持を目指し、支援の際に重視する。 ●保護者に近隣の園情報を伝え、見学や相談を促す。また、その際、個別支援時の様子や椅子の工夫などを園側に具体的に伝えてもらい、イメージを持てるようにする。	6か月後	児童発達支援管理責任者、保護者、相談支援専門員、地域の各園	関係機関連携加算(Ⅰ)：6か月に1回のペースで連携会議を実施。
●療育センターの言語聴覚士、作業療法士と話し合いを行い、事業所での状況を伝えた上で実施できる内容について互いに検討をする。 ●事業所から見学に行けなかった訓練については、保護者から直接伺うようにする。	6か月後	児童発達支援管理責任者、保護者、△△療育センター	関係機関連携加算(Ⅲ)：6か月に1回のペースで連携会議を実施。

Chapter 3　5領域対応 個別支援計画案14ケース

67

ケース 11　相手に合わせたコミュニケーションが苦手（5歳児）

個別支援計画書

利用児及び家族の生活に対する意向	●友達とたくさん遊びたい（本人）。 ●会話のキャッチボールができるようになってほしい（保護者）。 ●就学に向けて適応できる力をつけてほしい（保護者）。
総合的な支援の方針	言葉の発達に遅れがあり、人と話す時に相手の様子を気にせずに一方的に話してしまい、伝わらないと癇癪を起こすことがあります。本人の好きな遊びやルールのある遊び、初めての活動などを取り入れ、経験値や語彙力を高め、場面に応じた言葉の表出を促し、社会性や自信がつくように支援していきます。また、お絵描きや塗り絵が好きであることから、「書くこと」「筆記用具を持つこと」には抵抗感がないようなので、就学も見据え、読み書きなどの力を伸ばしていきます。座位保持に困難さがあるため、体幹を鍛える活動も取り入れます。いつも持ち物が多く整理整頓が難しいようなので、家庭とも連携してかばんの整理の仕方を工夫するなど、身辺自立につなげます。

○支援目標及び具体的な支援内容等

項目	支援目標（具体的な到達目標）	支援内容 内容・支援	5領域
本人支援	物の整理や片づけなど、年齢に応じた身辺自立ができるようになる。	●かばんの整理整頓は、まずは大人が一緒に行い、徐々に自分でできるようにしていく。 ●物には「おうち」があることを知らせ、自分で片づけられるように働きかける。 ●ごっこ遊びなどを通して、身の回りの整理が身につくよう支援する。	健康・生活
本人支援	友達や家族以外の大人との会話の中で、適切な声の大きさで相手に伝わりやすく話せるようになる。	●場面に応じた声の大きさを「声の大きさカード」を表示し、大人がモデルになり示す。簡潔明瞭に指導し、執拗なくり返しは行わない。 ●本人からの表出や要求には可能な限り応える。本人が慌てて話してしまう時は、分かりやすい質問を投げかけながら伝えたいことをくみ取り、内容をまとめて本人に伝え直して確認し、共有していく。	言語・コミュニケーション／人間関係・社会性
本人支援	●集団生活のルールやゲームに「勝ち」や「負け」があることを知る。 ●負けて「泣く」「怒る」の感情は出してもよいが、気持ちの切り替えをスムーズにできる。	●支援の手立てとしては、①絵カードやピクトグラムで順番を分かりやすくする。②タイマーや順番の目印を使って待ち時間を分かりやすくする。③「順番を守れた」「チームプレーができた」など、ポジティブなフィードバック。④「あと1回で終わり」を知らせ、見える形で区切りがつけられるようにする。⑤負けた際の具体的な行動を示す。	人間関係・社会性／認知・行動
本人支援	ひらがなの読み書きを楽しめる。	●ひらがなカードゲーム（かるた・しりとり）を通して遊びながら文字に親しむ機会を多く設定する。絵と文字がセットになっていると視覚的に分かりやすい。 ●粘土やモールで文字をつくる遊びや製作活動を取り入れる。	認知・行動／言語・コミュニケーション
本人支援	背筋が伸びた姿勢で座位を保持できる。	●バランスボールの遊びを取り入れる。バランスボールに触れることから始め、大人がサポートをしながら安心して楽しめるようにする。 ●椅子に座り、姿勢を保って絵本を読む時間をつくる。	運動・感覚

	支援目標（具体的な到達目標）
家族支援	本人の思いを大切にした支援方法などを提案していく。
移行支援	こども園と連絡を取り合い、支援方法について共有を図る。
地域連携・地域支援	支援会議、担当者会議を開催し、モニタリングの情報等を共有する。

おもな特性	●他者の様子を気にせず、本人の話したいことを話す。 ●思いが伝わらないことがストレスとなり、癇癪を起こす傾向がある。 ●座位保持が苦手。

利用児氏名：　　　　　　　　　　　　　作成年月日：　　　年　　月　　日

長期目標 （内容・期間等）	●会話のキャッチボールを楽しめるようになる。 ●集団生活において、協調性を持って楽しく過ごせるようになる。	支援の標準的な提供時間等 （曜日・頻度、時間）
短期目標 （内容・期間等）	●好きな遊びや活動を通して、同年齢の友達とのコミュニケーションを楽しめる。 ●背筋を伸ばして座ることができるようになる。 ●かばんの整理、物の片づけなど、身辺自立ができるようになる。	小集団：毎週火曜日・金曜日 14：00～17：00

（内容・支援の提供上のポイント・5領域との関連性等）

活動プログラム		達成時期	担当者提供機関	留意事項	優先順位
【片づけや机の準備】 使った道具、玩具などを所定の場所に片づける。おやつの時に大人や友達と協力して机や椅子を準備する。	【整理整頓】 保育園ごっこやおうちごっこを通して、かばんの整理や衣服の畳み方などを習得する。	6か月後	作業療法士、保育士	整理整頓の際は本人の意欲を受け止め、手助けを要する場合は行う。	3
【場面に応じた声の大きさ理解】 「声の大きさカード」を見ながら、どういう時にネズミさんの小さい声、ネコさんのふつうの声、ゾウさんの大きい声を使うかを大人と一緒に考える。	【声量コントロール】 伝言ゲーム、ジェスチャーゲーム、声の大きさ当てゲームなどで声量の違いを感じ取り、場所に合わせて声量をコントロールする。	6か月後	言語聴覚士、保育士	専門的支援実施加算については、別紙参照。	4
【椅子取りゲーム】 椅子に座れなかった場合は、勝ち残っている友達の応援をする、その場にいて手拍子などをする。	【チーム対抗戦】 ミニドッジボール、ジャンケン平均台ウォークなど、チームに分かれて競うゲームをする。	6か月後	保育士、言語聴覚士、作業療法士	友達との時間を楽しめるようにする。	3
【ひらがなカードゲーム】 絵と文字がセットになったひらがなカードで、かるたやしりとりをする。	【文字をつくる遊び】 文字のパズルやブロックを使って文字を組み合わせる。粘土やモールで文字をつくる。	6か月後	言語聴覚士、保育士	本人は、読める・書けることをほめてもらうことで意欲が増す。	2
【バランスを養う遊び】 バランスボールに慣れたら、小さなバランスボールや空気クッションに座り、バランスを取る。	【絵本の読み聞かせ】 背もたれのある椅子に座りながら、背筋を伸ばす姿勢を保ち、絵本の読み聞かせを聞く。	6か月後	作業療法士、保育士	小集団で行う。バランスボールの遊びは、本人が楽しめるように音楽を流す。	1

支援内容（内容・支援の提供上のポイント等）

	達成時期	担当者提供機関	留意事項
●事業所での様子を電子連絡（文章と写真）を使ってお伝えする。 ●持ち物が多いせいか、かばんの整理整頓ができないようなので、持ち物を減らし、かばんの大きさを見直していただく。金曜日は園からの持ち帰りの道具が多いので、持ちやすくなる方法を工夫して提案する。	6か月後	児童発達支援管理責任者、保護者	子育てサポート加算：月1回の頻度を想定し、本人と事業所の担当者との具体的なやり取りをモデルにして、家庭での実践も踏まえたフィードバックを行う。
●行事などでの説明の仕方や参加への促し方について提案する。 ●荷物の整理や声の大きさについて関わり方や支援方法を共有する。	6か月後	児童発達支援管理責任者、保護者、○○こども園	保護者の意向も確認しながら三者で連携を図る（園行事の共有）。
こども園と事業所で互いに関わり方の提案やポイントの助言をする。	6か月後	児童発達支援管理責任者、保護者、○○こども園	関係機関連携加算（Ⅱ）：6か月に1回程度の頻度で連携会議を開催する。

Chapter 3　5領域対応 個別支援計画案14ケース

ケース 12

難聴があり、発音が不明瞭 (3歳児)

個別支援計画書

利用児及び家族の生活に対する意向	●友達と楽しく遊びたい（本人）。　●言葉をはっきりと話せるようになってほしい（保護者）。 ●運動を楽しみ、身体がスムーズに動くようになってほしい（保護者）。 ●一人でできることを増やしてほしい（保護者）。
総合的な支援の方針	出生後の聴力検査にて、両耳中度難聴と診断。集団では指示を理解できない、反応が鈍い様子が見られることがあり、言葉の発音が不明瞭です。身体や手先の動かし方に不器用さがあり、歩行が安定しません。言葉の発達を促す関わりや活動を通して、はっきりと話せるための支援をします。また、全身を使った遊びや手先の感覚を鍛える活動を取り入れ、日常生活動作の獲得を促していきます。生活リズムの乱れが見受けられ、生活習慣が身についていない姿があるため、基本的な生活動作を身につけて生活リズムを整え、他者とのコミュニケーションを楽しみながら社会性が身につくようにして支援していきます。

○支援目標及び具体的な支援内容等

項目	支援目標（具体的な到達目標）	支援内容	
		内容・支援	5領域
本人支援	言葉を覚え、はっきりと話せるようになる。	●大人とのやり取りや遊びの中で、言葉の習得を促していく。 ●個別や集団の中でたくさん会話をし、言葉を覚えられるようにする。 ●絵カードやイラストなどを用いて言葉を習得していけるようにする。 ●選択肢を与えるなど、答えやすい質問の仕方をしたり、会話をサポートする。	言語・コミュニケーション／人間関係・社会性
本人支援	●全身を使った遊びを楽しみ、安定して歩けるようになる。 ●細かい作業に取り組み、手や指先をスムーズに動かせるようになる。	●大人が見本を示し、身体を動かすことに興味を持てるようにする。 ●身体のバランス感覚が身につくよう様々な運動を取り入れる。 ●手や指先をスムーズに動かせるよう、ボタンを通したりひもを結んだりといった細かい作業も取り入れる。	運動・感覚
本人支援	生活の流れを知り、身の回りのことを自分でやれるようになる。	●写真やイラストなどの視覚支援を活用しながら、一日の生活の流れを知り、身の回りのことを自ら進んで行うよう促す。 ●言語理解を図りながら、大人が見本となり、生活習慣を身につけていく。 ●トイレ動作や靴の履き方をはじめ、食事のマナー、スプーンや箸の持ち方を身につけ、給食の時間をみんなと楽しく過ごせるように支援する。	健康・生活
本人支援	周りの人との関わりを楽しめるようになる。	●個別や集団の中で、大人や周りの友達と関わる機会を提供する。 ●生活や遊びの中でルールや決まりを知り、守りながら過ごせるよう支援する。 ●他者と関わりながら遊び、社会性を育む支援をする。	人間関係・社会性／言語・コミュニケーション／認知・行動

	支援目標（具体的な到達目標）
家族支援	家庭と連絡を密に取り合い、安心して当事業所を利用できるように支援する。
移行支援	こども園の職員と日常的に連携するとともに、支援の仕方について情報を共有する。
地域支援・地域連携	関係機関と情報を共有し、支援に活用するための具体策を提案する。

おもな特性	●補聴器を使うほどではないが、にぎやかな場所では反応が鈍い。 ●指示の理解が苦手。 ●生活リズムの乱れが見られる。

利用児氏名：　　　　　　　　　　　　　作成年月日：　　年　　月　　日

長期目標 （内容・期間等）	●自分の思いを言葉で伝えられるようになる。 ●生活動作、生活習慣が身につき、集団生活で楽しく過ごせるようになる。	支援の標準的な提供時間等 （曜日・頻度、時間）
短期目標 （内容・期間等）	●言葉を覚え、大人や友達と楽しく話せるようになる。 ●身体や手先の動きがスムーズになる。 ●身の回りのことを、自分でできるようになる。 ●大人や他児との関わりを楽しめるようになる。	個別・小集団：毎週火曜日・木曜日 9：15～11：00 ※個別は特定の保育士が担当。

Chapter 3　5領域対応 個別支援計画案14ケース

活動プログラム（内容・支援の提供上のポイント・5領域との関連性等）		達成時期	担当者 提供機関	留意事項	優先順位
【絵本の読み聞かせ】 絵本の読み聞かせの中で、いろいろな言葉を知る。また、大人との会話でのやり取りを楽しむ。	【物の名前の習得と発声】 果物、野菜、動物などの写真やイラストを用いて、名前や特徴を知り、発声してみる。	6か月後	保育士	半年に一度の耳鼻科受診後、保護者から結果を報告してもらう。	1
【粗大運動】 トランポリンや波型の平均台、平行棒やケンケンパ、滑り台などで身体を動かすことを楽しむ。	【微細運動】 ペットボトルキャップのぽっとん落としからストロー落としへの移行。おはじきを袋に入れることから貯金箱に入れることへの移行など、指先の感覚を鍛える。	6か月後	保育士		2
【視覚支援による生活習慣の習得】 一日の流れや身支度の仕方、配膳の仕方や箸の持ち方が示された絵カードや写真を見ながら、生活習慣を身につける。	【指先遊び】 あけ移し（トング、スプーン、箸）、ボタンはめ、ベルト通し、シール貼りなどを楽しむ。	6か月後	保育士		3
【他児との遊び】 園庭遊び（滑り台、どんぐり拾い、散歩、虫とりなど）や折り紙、絵本の読み聞かせ、パズルなどで他児とのふれあいを楽しむ。	【ルールのある遊び】 椅子取りゲームやフルーツバスケットなどのルールを知り、周りの人と一緒に楽しむ。	6か月後	保育士		1

支援内容（内容・支援の提供上のポイント等）	達成時期	担当者 提供機関	留意事項
●連絡帳やお迎えの時間を利用して、事業所での本人の様子を伝えたり家庭での様子を聞き、情報交換を密にする。 ●事業所で行っている身支度の仕方や、箸やスプーンの持ち方などの支援の仕方を伝える。 ●生活習慣と生活リズムを整えるための提案やサポートをする。	6か月後	児童発達支援管理責任者、保育士、保護者	家族支援加算（Ⅰ）：2か月に1回の頻度で面談を実施。
●こども園を訪問し、職員と情報の共有を図り、連携に役立てる。 ●行事などでの具体的な関わり方を共有し、共通した支援を行う。	6か月後	児童発達支援管理責任者、保育士、保護者、○○こども園	関係機関連携加算（Ⅱ）：6か月に1回のペースで連携会議を実施。
それぞれの機関で得られた情報を共有し、支援の方向性を提案して話し合い、支援へつなげていく。	6か月後	児童発達支援管理責任者、保育士、○○こども園	関係機関連携加算（Ⅰ）：6か月に1回のペースで連携会議を実施。

ケース 13 言葉の発達に遅れがある（5歳児・両親ともに外国出身）

個別支援計画書

利用児及び家族の生活に対する意向	●楽しく遊びたい（本人）。 ●言葉で伝えられるようになってほしい（保護者）。
総合的な支援の方針	言葉の発達が遅く、言語理解がゆっくりで発音が不明瞭な部分があります。他児への興味が出てきて一緒に遊びたいという気持ちはありますが、どう関わっていいのか、どんな言葉をかけたらいいのかが分からず、集団生活において他児とトラブルになることがあります。気持ちが高まると自分をコントロールすることが難しい時もあります。いろいろな遊びや活動に興味を示し、意欲的に取り組めるので、他児と楽しく関われる活動や言葉で伝える活動を取り入れながら、成功体験をたくさん積むことで自信につなげていきます。

○支援目標及び具体的な支援内容等

項目	支援目標（具体的な到達目標）	支援内容 内容・支援	5領域
本人支援	●自分の意思で好きなおやつを選べる。 ●口を上手に使って食べられるようになる。	●おやつやジュースを2種類ずつ準備しておき、自分の意思で選択できる機会をつくっていく。 ●大人が「モグモグ」「ゴックン」などと伝えながら、よくかみ、飲み込めるようにしていく。また、口の中の物がなくなってから次の物を入れることを伝え、できるようにしていく。	健康・生活／言語・コミュニケーション／認知・行動
本人支援	簡単なルールのある遊びに参加し、大人や友達と一緒に楽しめる。	簡単なルールのある遊びを取り入れ、ルールに沿って遊んだり、大人や他児と協調して遊ぶ楽しさを味わえるようにしていく。ルールの説明は、絵で見て分かる物や大人が手本となって提示したり、他児が取り組んでいる姿を見てもらい、目で見て分かるようにしていく。	認知・行動／人間関係・社会性
本人支援	●玩具で見立て遊びを楽しめる。 ●友達と一緒にごっこ遊びを楽しめる。	玩具の包丁で食材を切ることを楽しんでいるので、大人と一緒に楽しむ中で少しずつ他児も誘っていき、他児と同じ空間で遊ぶ楽しさを味わえるようにしていく。	人間関係・社会性／認知・行動
本人支援	たくさん身体を動かして遊び、身体をコントロールできるようになる。	●大きく身体を動かしたり、「動く・止まる」で自分の身体をコントロールする力を育てていく。止まる所には印を置くなどし、どこに止まればいいのか目で見て分かるようにしておく。 ●狭い所をくぐる、渡る、転がる動きで、自分の身体の先端を意識できるようにしていく。	運動・感覚
本人支援	●大人の伝えていることが分かり、行動できるようになる。 ●自分の気持ちを言葉で伝えられるようになる。	●初めは1つの指示から始め、慣れてきたら「〇〇と△△を持ってきてね」など、2つの指示を伝えていく。頑張っている姿やできたことをしっかり認めていくことで、「聞く」大切さを実感できるようにする。 ●自分の気持ちを自分なりに表現できているので、大人が「〇〇だったね」と言葉にすることで、気持ちと言葉をつなげていく。 ●口や舌の動きを楽しめる遊びで、口を動かす力をつけられるようにする。	言語・コミュニケーション／人間関係・社会性

支援目標（具体的な到達目標）

家族支援	家庭でできることを具体的に伝えたり、家庭での困りごとを聞くなどして、保護者とやり取りする。
移行支援	日常的に園と連絡を取り合い、情報を共有し、支援方法を検討する。
地域支援・地域連携	関係機関と情報を共有し、互いに具体的な支援方法を提案する。

おもな特性	●言語理解がゆっくりで、発音が不明瞭。 ●両親ともに外国籍で日本語が通じにくい。

利用児氏名：　　　　　　　　　　　　　　作成年月日：　　　年　　　月　　　日

長期目標 （内容・期間等）	●大人や友達と簡単なルールのある遊びに楽しんで参加できる。 ●自分の気持ちを言葉で伝え、伝わる嬉しさを感じる。 ●いろいろな動きのある遊びを楽しめる。	支援の標準的な提供時間等 （曜日・頻度、時間）
短期目標 （内容・期間等）	●好きな遊びを友達や大人と楽しめる。 ●身体を動かして遊ぶことを楽しめる。 ●大人の伝えていることを理解して行動したり、簡単な質問に答えたり、自分の気持ちを表情や言葉で知らせることができる。	小集団：毎週火曜日 　　　　14：00～16：00 個　別：毎週金曜日 　　　　10：00～11：00 ※言語聴覚士担当。

Chapter 3　5領域対応 個別支援計画案14ケース

（内容・支援の提供上のポイント・5領域との関連性等） 活動プログラム		達成時期	担当者 提供機関	留意事項	優先順位
【指さし遊び】 2つの絵から「○○はどっち？」と聞かれて指をさす。本人の好きなキャラクターを用いて親しみやすくし、慣れてきたら複数の中から選べるようにする。	【口腔体操】 音楽に合わせて頬を膨らませたり、口先に意識が向くような手遊びなどをする。	6か月後	言語聴覚士、保育士	専門的支援実施加算については、別紙参照。	4
【大人と鬼ごっこ】 始めは大人と1対1で行い、追いかけてもらうことを楽しむ。少しずつルールを理解し、鬼になっても次があるという見通しを持って遊ぶ。	【大人・他児と鬼ごっこ】 大人との鬼ごっこから、少しずつ他児も交えていき、他児とルールを共有して遊ぶ。	6か月後	保育士		3
【見立て遊び】 本人の見立てを大人が一緒に楽しんだり言葉を添えていくことでイメージが広がるようにし、ごっこ遊びへ発展する。	【ごっこ遊び】 玩具を十分に準備し、少しずつ他児も一緒に誘っていきながら、並行遊びから他児とのごっこ遊びに広げる。	6か月後	保育士		1
【サーキット（全身の動き）】 身体を伸ばす、縮める、背伸びをするなど、全身を使った動きをする。動きが難しい時は、大人が前に立って見本を見せる。	【サーキット（ボディイメージ）】 フープをつなげてジャンプして渡る、一本橋を渡る、狭い場所をくぐる、横転するなど、身体の先端を意識する動きをする。	6か月後	理学療法士、保育士	専門的支援実施加算については、別紙参照。	1
【マッチング遊び】 色や形のマッチングから始め、絵のマッチングに移行する。その際に大人が「○○だね」と口の動きを見せながら伝えていくことで、分かる言葉を増やす。	【ストロー遊び】 吹いて飛ばす、吹いてブクブクするなど、変化が目で見て分かる遊びをする。	6か月後	言語聴覚士、保育士	専門的支援実施加算については、別紙参照。	2

支援内容（内容・支援の提供上のポイント等）	達成時期	担当者 提供機関	留意事項
●家庭でできる口の体操や遊びを具体的に伝えながら、ともに本人の成長を見守っていく。 ●家庭での困りごとを聞いたりして、相談にのっていく。 ●日本語の理解が難しい時は、翻訳アプリを使うなどして伝えていく。	6か月後	児童発達支援管理責任者、保護者	・子育てサポート加算：6か月に1回を想定し、家庭で実践できる支援方法を提案していく。 ・家族支援加算（I）：3か月に1回を想定し、家族の相談にのっていく。 ・家族支援加算（II）：6か月に1回を想定し、座談会や保護者会にて相談にのっていく。
●送迎時に園での様子と事業所での様子を報告し合う。 ●必要に応じて園訪問をし、集団生活で本人が過ごしやすくなる環境や支援をともに考えていく。	6か月後	児童発達支援管理責任者、○○保育園	関係機関連携加算（II）：3か月に1回を想定し、園訪問を行い、本人の園での様子を見ながら情報を共有していく。
園だけでなく、当事業所以外で通所している児童発達支援事業所や相談支援事業所とも連携し、本人への支援方法を統一していく。	6か月後	児童発達支援管理責任者、○○保育園、△△相談支援事業所、児童発達支援事業所□□	関係機関連携加算（I）：6か月に1回を想定し、連携会議を開催し、それぞれの機関からの情報を共有していく。

73

ケース 14　不安が強い・偏食がある（4歳児）

個別支援計画書

利用児及び家族の生活に対する意向	●友達との関わりを増やしたい（本人）。 ●健康的に育ってほしい（保護者）。 ●言葉でコミュニケーションをとれるようになってほしい（保護者）。
総合的な支援の方針	何事にも自分のペースがあり、心の準備ができていない時に促されると「いやだ」と泣いてしまったり、他児が言われたことを自分に言われたと思い、癇癪を起こしてしまったりします。小集団では人の話を聞き、行動に移せるが、集団だと気が散るためか説明が入りにくく、理解が難しい面があります。本人が安心できる環境を整え、絵カードなどの視覚支援や小集団の活動を取り入れることで、本人なりのコミュニケーションの手段を見つけ、それを日々の生活で使い、他者と意思疎通ができるように支援していきます。また、偏食があるため、給食指導も取り入れていきます。

○支援目標及び具体的な支援内容等

項目	支援目標（具体的な到達目標）	支援内容 内容・支援	5領域
本人支援	様々な活動に喜んで参加し、安心して毎日を過ごせる。	●身体を動かす運動や手や指先を使った細かい遊びなど、様々な活動を設定して、本人が楽しんで参加できるようにする。 ●本人にとっての初めての活動時は大人と一緒に参加し、不安や抵抗感を持たずに取り組もうとする気持ちを持てるようにする。 ●不安が強い場合は、安心して過ごせる場所で休息できるよう環境を整える。	健康・生活／運動・感覚
本人支援	自分の気持ちを表す言葉を知り、相手に自分の思いを言葉で伝えられるようになる。	●自分の気持ちを伝える本人なりの手段を見出し、生活の中に取り入れ、安心して生活できるよう支援をしていく。 ●気持ちを伝えることが難しい時は、絵カードなどのコミュニケーションツールを利用し、本人の気持ちをくみ取っていく。 ●絵本や絵カードなどで、気持ちを伝える言葉を知らせ、言葉を習得し、自分の気持ちを相手に伝えられるように促していく。	言語・コミュニケーション／人間関係・社会性
本人支援	周りの人との関わりを楽しめる。	●個別活動から小集団活動へ展開していき、他児や周りの人との関わりを深めていく。 ●人との関わり方の見本を見せたりして、身近な人に興味や関心を持てるようにする。	人間関係・社会性／認知・行動
本人支援	給食指導を通して、食に興味を持つ。	給食の時間を大人がともに過ごし、食に興味が持てるような言葉かけをしながら、食べられるものを増やしていく。	健康・生活

	支援目標（具体的な到達目標）
家族支援	家族と密に連絡を取り合い、本人の支援の仕方を一緒に考えていく。
移行支援	日常的にこども園と連携し、情報共有を図っていく。
地域支援・地域連携	各関係機関と情報交換をしながら、連携を図っていく。

おもな特性	●初めてのことや見通しがつかないことへの不安が強い。 ●コミュニケーションがうまくとれず、癲癇を起こすことがある。 ●偏食が見られる。

利用児氏名：　　　　　　　　　　　　　　作成年月日：　　年　　月　　日

長期目標 (内容・期間等)	●様々なことを経験して物事への抵抗感を減らし、自己肯定感を高める。 ●自分の気持ちを言葉で伝えられるようになる。	支援の標準的な提供時間等 （曜日・頻度、時間）
短期目標 (内容・期間等)	●様々な活動に参加できるようになる。 ●周りの人との関わりを楽しみ、家族以外の人ともコミュニケーションがとれるようになる。 ●食べることに興味が持てるようになる。	個　別：毎週月曜日・水曜日 　　　　　9：00～11：00 小集団：毎週木曜日・金曜日 　　　　　10：00～12：00

（内容・支援の提供上のポイント・5領域との関連性等）

活動プログラム		達成時期	担当者 提供機関	留意事項	優先順位
【粗大運動】 トランポリン、波型の平均台、マット運動、鉄棒運動などで身体を動かす楽しさを知る。	【微細運動】 シール貼り、線描き、ストロー落としなどの細かい作業の遊びに挑戦する。	6か月後	保育士		1
【絵本の読み聞かせ】 絵本を通して、気持ちの表現の仕方を知る。	【絵カードで気持ちを伝える】 絵カードで自分の気持ちを伝える言葉を知り、本人なりの気持ちの伝え方を習得する。	6か月後	保育士	本人が利用している言語療法に関する内容や過程を保護者から報告してもらう。	2
【個別遊び】 安心できる環境の中で、本人が好きなパズル遊びなどに個別で集中して取り組む。	【小集団遊び】 友達と関わり合う遊びを通して楽しさを感じ、自ら人と関わって遊ぶ。	6か月後	保育士		3
【食育活動】 本人が苦手としている食べ物に少しずつ挑戦し、様々な食べ物に興味を持つ。	【給食指導】 給食の時間を他児とともに楽しく過ごし、健康に過ごすためには食事が大切であることを感じる。	6か月後	保育士		4

支援内容（内容・支援の提供上のポイント等）	達成時期	担当者 提供機関	留意事項
連絡帳や、お迎え時を利用して家庭と情報共有を行い、必要に応じて相談にのり、本人の発達状況に合った支援をしていく。	6か月後	児童発達支援管理責任者、保育士、保護者	家族支援加算（Ⅰ）：2か月に1回の頻度で面談を実施。
こども園の職員と情報交換をしたり、日常生活や行事での支援方法を提案したりして、本人が園生活を楽しめるような環境をつくっていく。	6か月後	児童発達支援管理責任者、保育士、保護者、○○こども園	関係機関連携加算（Ⅱ）：6か月に1回のペースで連携会議を実施。
地域において本人が生活しやすい環境をともに検討し、整えていく。	6か月後	児童発達支援管理責任者、保育士、○○こども園	関係機関連携加算（Ⅰ）：6か月に1回のペースで連携会議を実施。

Chapter 3　5領域対応 個別支援計画案14ケース

75

ココもチェック！ 児童発達支援と園は連携を

令和5年4月にこども家庭庁が創設され、障害児支援が厚生労働省からこども家庭庁に移管されました。同庁が目指す「こどもまんなか社会の実現」において、児童発達支援と園とが手を携えながらこどもに関わることが求められています。児童発達支援と園との連携の必要性や現状とは？　また、現場は何を思うのか、お話を伺いました。

取材協力／エンジョイ松阪（児童発達支援・放課後等デイサービス）　toi toi toi（児童発達支援）　トーマスぼーや保育園

●なぜ連携が必要か？

障害や支援の必要があるこどもの多くが、児童発達支援と園を併行利用しています。児童発達支援においては、「個別」または「小集団」での支援、園においては「大きな集団」での支援が行われています。連携を図ることで、それぞれの特長を生かしながらこどもの成長を支えていくことができます。

たとえば園において集団に適応できないこどもがいた場合、互いに見学するなどして、児童発達支援事業所の担当者は児童発達支援での活動の内容や方法を見直す。園は、児童発達支援の専門家からこどもの見方や声かけなどを学び、保育に生かすなどです。

児童発達支援と園が、それぞれの専門性をあわせて共通の目標のもとに支援を行うことは、「こどもまんなか」における支援のためにも大切です。

●連携の現状と重要性

令和6年に改訂した「児童発達支援ガイドライン　第5章 関係機関との連携」では、児童発達支援と園の連携の重要性が示されています。とはいえ実際には、どちらの現場も忙しく、連絡を取り合う時間がない、こどもの利用先を把握しておらず、どこの誰に連絡をしてよいか分からないなどの理由から、あまり連携が行われていない現状があります。

しかし、「児童発達支援ガイドライン 第3章 児童発達支援の提供すべき支援の具体的内容」にも「児童発達支援に携わる職員は、こどもの育ちの連続性を意識した支援が求められている」と示されているように、児童発達支援と園は、連携をより深めていくことが重要となります。

どう連携している？

忙しい日々の中でも、児童発達支援と園でどうにか連携をとろうとしている現場もあります。どのように連携をしているのでしょうか。現場の担当者に話を聞きました。

児童発達支援の声

送迎時を利用して、連絡し合える関係を構築

　私たちの事業所では、園への送迎サービスを行っています。その送迎時を利用して、園の保育者とこちらの担当者が子どもの姿を伝え合います。

　忙しい時間帯にかかることが多いので、込み入った話はできませんが、たとえわずかな時間でも顔を合わせて言葉を交わす機会があるとないとでは、全然違います。顔を合わせるうちに信頼関係が生まれ、何か聞きたいことがあった時に、気軽に電話をかけられるようにもなるのです。

　また、園で過ごすこどもの姿をちらりとでも見られることが、支援の内容に生かされることもあります。こどもが見せる姿は場所によって違うので、園での姿を見て気づかされることも少なくありません。

エンジョイ松阪（児童発達支援・放課後等デイサービス）
児童発達支援管理責任者　志村直子

連携会議を開き、こどもの姿を共有

　連携の必要性を感じた時は、園や病院、当事業所以外の事業所、保護者など、こどもに関わる様々な立場の方々に声をかけ、連携会議を開きます。そこではこどもの姿を共有しながら、今どのような支援をしているか、これからのような支援が必要かを話し合います。

　また、連携会議に加え、園訪問や園の担任の先生との継続的な連携も大切にしています。

toi toi toi（児童発達支援）
児童発達支援管理責任者　椛沢香澄

園の声

児童発達支援の意見を聞き、こどもへの対応に生かす

　園はおもに集団での日常生活を通して、こどもの成長や発達を支える立場です。障害や支援の必要があるこどもへの対応に迷った時、児童発達支援事業所のアドバイスはとても貴重です。こどもの見方、見通しなどを教えてもらうことで安心できますし、保育にも生かせます。

　保護者から聞く児童発達支援事業所でのこどもの姿と、園でのこどもの姿に違いがあることも少なくないのですが、そんな時に直接確認できるのはありがたいです。また、保護者自身の情報も共有することで、保護者対応もよりスムーズになります。

トーマスぼーや保育園 副園長　勇まり子

column4

園における発達支援の実例

　昨今、支援を必要とするこどもへの理解が進み、様々な配慮をする園が増えています。本園でも平成12年より、発達障害児も含め支援の必要なこどもを積極的に受け入れ始めました。

　本園の支援で特徴的なのは、「特別支援室」です。保育室だけで過ごすのではなく、特別支援室を利用し、個別の支援を行っています。

　特別支援室での主な内容は、①TEACCH（ティーチ）プログラム　②SST（ソーシャルスキルトレーニング）　③感覚統合です。

　特別支援室を利用するこどもには、個別の指導計画を作成し、個別目標による自立課題をワークシステムとして毎日同じ時間、同じ場所、同じ方法で取り組めるようにしています。課題のスケジュールは視覚化して提示することで、口頭で伝えるより顕著に伝わっていると感じています。また、登園時からの一日の活動の流れを絵カードなどで視覚的に提示し、変更があった場合も視覚で提示することによりパニックを防いでいます。これは非日常の行事にも応用し、行事に無理なく参加できるようにしています。

　支援を必要とするこどもは、集団の中で自身の置かれた状況を読み取ることや、適切な行動を獲得しづらいことがあり、対人関係に困難さを抱えることが多いです。特別支援室で一日の振り返りを絵カードなどを使ってすることにより、「どうしたらよかったか」などをフィードバックしながら、気づいていけるようにしています。

　また、私たち職員がこどもたちの支援に当たって大切にしているのが、感覚の違いへの理解です。感覚の違いを理解するのは難しいことですが、感覚の違いを探っていくと、こどもの気持ちを理解し代弁できるようになります。例えば、音への過敏さや触感や体感の違いなどが理解できると、行動理解ができるようになり、その子が集団の中でみんなと一緒の行動ができなくても、こどもを叱ることがなくなります。できないことを矯正や訓練をするのではなく、できるところに注目することで、「指導から支援へ」となり、その子の持っている能力を発揮できるように関わっていけるようになります。

　また、人との関係においても共感する力の弱さを理解することで、その子は「ほかの子と異なる感じ方や方法で表現しているのだ」という肯定的な捉え方に変わっていきます。そして、この大人の関わり方を見て、ほかのこどもたちも支援が必要な子を同じような目で見られるようになることが、何よりも嬉しいことです。

　現在は児童発達支援事業所等も増え、園における集団への適応が困難なこどもは、事業所等を利用し、それぞれの特性に合った支援を受けられるようになりました。一方で、園と事業所等の支援方法に差異がある場合、戸惑うのはこどもです。園も児童発達支援も保護者も、その子の行動だけを捉えて「困った子」と判断するのではなく、その子の「困った」の理由と支援策を一緒に探してあげられる姿勢を持つことこそが大切です。

くほんじこども園 園長　矢野理絵

付録 児童発達支援ガイドライン （令和6年7月）

はじめに

平成24年の児童福祉法改正において、障害のあるこどもが身近な地域で適切な支援が受けられるように、従来の障害種別に分かれていた施設体系が一元化され、この際、児童発達支援は、主に就学前の障害のあるこどもを対象に発達支援を提供するものとして位置づけられた。

その後、約10年で児童発達支援等の事業所数、利用者数は飛躍的に増加した。身近な地域で障害児通所支援を受けることができる環境は、都市部を中心に大きく改善したと考えられる一方、障害児通所支援として求められる適切な運営や支援の質の確保が課題とされてきた。

さらに、全ての国民が障害の有無にかかわらず、互いに人格と個性を尊重しあい、理解しあいながら共に生きていく共生社会の実現に向けて、障害のあるこどもの地域社会への参加・包摂（インクルージョン）が重要となる中で、その取組は十分に推進されてきたとは必ずしも言えない状況にある。

これらの現状も踏まえ、改めて、障害児通所支援が担うべき役割や機能等、今後の障害児通所支援の在り方について検討するため、令和3年に「障害児通所支援の在り方に関する検討会」を開催し、制度改正等も視野に議論がなされ、同年10月には報告書がとりまとめられた。

同報告書でとりまとめられた内容については、社会保障審議会障害者部会においても議論がなされ、令和3年12月に「障害者総合支援法改正法施行後3年の見直しについて 中間整理」において、今後の障害児支援における検討の方向性が示された。

同中間整理において示された内容を踏まえ、児童発達支援センターが地域における障害児支援の中核的な役割を担う機関であることの明確化や、児童発達支援における「福祉型」と「医療型」の一元化等、法改正が必要な事項について、令和4年の通常国会に児童福祉法の改正法案が提出され、同年6月に成立、令和6年4月に施行された。

同通常国会では、「こども基本法」「こども家庭庁設置法」等も成立した。また、令和4年に「障害児通所支援に関する検討会」を開催し、改正児童福祉法の施行に向けて、その内容を具体化するための議論がなされ、同年3月に報告書が取りまとめられた。

令和5年4月には、「こどもまんなか社会」の実現に向けて、こども家庭庁が発足し、障害児支援については、こども施策全体の中でより一層の推進が図られることとなった。

また、同年12月には、「こども大綱」、「幼児期までのこどもの育ちに係る基本的なビジョン（はじめの100か月の育ちビジョン）」、「こどもの居場所づくりに関する指針」が閣議決定された。

本ガイドラインは、これらの内容を踏まえ、平成29年7月に策定された「児童発達支援ガイドライン」を全面改訂し、児童発達支援の内容や方法など基本的事項について示すものである。

事業所においては、本ガイドラインの内容を踏まえつつ、各事業所の実情や個々のこどもの状況に応じて不断に創意工夫を図り、提供する支援の質の向上に努めることが求められる。また、各事業所の不断の努力による支援の質の向上とあいまって、今後も本ガイドラインの見直しを行い、本ガイドラインの質も向上させていくものである。

第1章 総論

1．ガイドラインの目的

（1） この「児童発達支援ガイドライン」は、児童発達支援について、障害のあるこどもやその家族に対して質の高い支援を提供するため、児童発達支援センター及び児童発達支援事業所（以下単に「事業所等」という。）における児童発達支援の内容や運営及びこれに関連する事項を定めるものである。

（2） 各事業所等は、本ガイドラインにおいて示される障害児支援の基本理念や支援の内容等に係る基本的な事項等を踏まえ、こども本人やその家族、地域の実情に応じて創意工夫を図り、その機能及び質の向上を図らなければならない。

（3） 各事業所等は、本ガイドラインの内容を踏まえながら、こども施策の基本理念等にのっとり、特別な支援や配慮を要するこどもであるか否かにかかわらず、権利行使の主体であるこども自身が、身体的・精神的・社会的に幸せな状態にあることを指すウェルビーイング[1]を主体的に実現していく視点を持ってこどもとその家族に関わらなければならない。

2．こども施策全体の基本理念

令和5年4月1日に、こども家庭庁が発足し、障害児支援施策も同庁の下で、こども施策全体の連続性の中で推進されていくこととなった。

また、こども家庭庁の発足とあわせて、こども基本法（令和4年法律第77号）が施行された。こども基本法は、日本国憲法、児童の権利に関する条約（以下「こどもの権利条約」という。）の精神にのっとり、次代の社会を担う全てのこどもが、生涯にわたる人格形成の基礎を築き、自立した個人としてひとしく健やかに成長することができ、心身の状況、置かれている環境等にかかわらず、その権利の擁護が図られ、将来にわたって幸福な生活を送ることができる社会の実現を目指して、社会全体としてこども施策に取り組むことができるよう、こども施策に関し、基本理念を定め、国の責務等を明らかにし、こども施策の基本となる事項を定める等により、こども施策を総合的に推進することを目的としている（第1条）。

こども施策の基本理念としては、次の6点が掲げられている（第3条）。

1「ウェルビーイング」は、身体的・精神的・社会的（バイオサイコソーシャル）に幸せな状態にあることを指す。また、ウェルビーイングは、包括的な幸福として、短期的な幸福のみならず、生きがいや人生の意義など生涯にわたる持続的な幸福を含む。（「幼児期までのこどもの育ちに係る基本的なビジョン」より引用）

> **＜こども施策の基本理念＞**
> ○ 全てのこどもは大切にされ、基本的な人権が守られ、差別されないこと。
> － 全てのこどもについて、個人として尊重され、その基本的人権が保障されるとともに、差別的取扱いを受けることがないようにすること。
> ○ 全てのこどもは、大事に育てられ、生活が守られ、愛され、保護される権利が守られ、平等に教育を受けられること。

－ 全てのこどもについて、適切に養育されること、その生活を保障されること、愛され保護されること、その健やかな成長及び発達並びにその自立が図られることその他の福祉に係る権利が等しく保障されるとともに、教育基本法の精神にのっとり教育を受ける機会が等しく与えられること。
○ 年齢や発達の程度により、自分に直接関係することに意見を言えたり、社会の様々な活動に参加できること。
－全てのこどもについて、その年齢及び発達の程度に応じて、自己に直接関係する全ての事項に関して意見を表明する機会及び多様な社会的活動に参画する機会が確保されること。
○ 全てのこどもは年齢や発達の程度に応じて、意見が尊重され、こどもの今とこれからにとって最もよいことが優先して考えられること。
－全てのこどもについて、その年齢及び発達の程度に応じて、その意見が尊重され、その最善の利益が優先して考慮されること。
○ 子育ては家庭を基本としながら、そのサポートが十分に行われ、家庭で育つことが難しいこどもも、家庭と同様の環境が確保されること。
－こどもの養育については、家庭を基本として行われ、父母その他の保護者が第一義的責任を有するとの認識の下、これらの者に対してこどもの養育に関し十分な支援を行うとともに、家庭での養育が困難なこどもにはできる限り家庭と同様の養育環境を確保することにより、こどもが心身ともに健やかに育成されるようにすること。
○ 家庭や子育てに夢を持ち、喜びを感じられる社会をつくること。
－家庭や子育てに夢を持ち、子育てに伴う喜びを実感できる社会環境を整備すること。

また、児童福祉法（昭和22年法律第164号）第1条においても、こどもの権利条約の精神にのっとり、こどもが家族や社会の支えを受けながら自立した個人として自己を確立していく「主体」として尊重されなければならないこと、第2条では、社会全体がこどもの意見を尊重し、その最善の利益が優先して考慮されるべきことが規定されている。

特に、こどもの最善の利益の考慮については、こどもの権利条約及び障害者の権利に関する条約（以下「障害者権利条約」という。）において、以下のとおり規定されている。

<こどもの権利条約>
○ 自己の意見を形成する能力のある児童がその児童に影響を及ぼすすべての事項について自由に自己の意見を表明する権利を確保する。この場合において、児童の意見は、その児童の年齢及び成熟度に従って相応に考慮されるものとする（第12条）。
○ 精神的又は身体的な障害を有する児童が、その尊厳を確保し、自立を促進し及び社会への積極的な参加を容易にする条件の下で十分かつ相応な生活を享受すべきであることを認める（第23条の1）。
○ 障害を有する児童が特別の養護についての権利を有することを認めるものとし、利用可能な手段の下で、申込みに応じた、かつ、当該児童の状況及び父母又は当該児童を養護している他の者の事情に適した援助を、これを受ける資格を有する児童及びこの

ような児童の養護について責任を有する者に与えることを奨励し、かつ、確保する（第23条の2）。

<障害者の権利に関する条約>
○ 障害のある児童が他の児童との平等を基礎として全ての人権及び基本的自由を完全に共有することを確保するための全ての必要な措置を取ることとされ、措置にあたっては、児童の最善の利益が主として考慮され、自己に影響を及ぼす全ての事項について自由に自己の意見を表明する権利並びにこの権利を実現するための障害及び年齢に適した支援を提供される権利を有している（第7条）。

障害児支援に携わる者は、障害のあるこどもも含め、全てのこどもに関わるこども施策の基本理念をしっかりと理解した上で、こども施策全体の中での連続性を意識し、障害のあるこどもや家族の支援に当たっていくことが重要である。
また、乳幼児期については、全てのこどもの誕生前から幼児期までの「はじめの100か月」から生涯にわたるウェルビーイングの向上を図ることを目的として、全ての人で共有したい理念と基本的な考え方を示し、社会全体の認識共有を図りつつ、政府全体の取組を推進する羅針盤として、「幼児期までのこどもの育ちに係る基本的なビジョン（はじめの100か月の育ちビジョン）」（以下「はじめの100か月の育ちビジョン」という。）が、令和5年12月に閣議決定されており、「はじめの100か月の育ちビジョン」の内容も十分に理解し、障害の有無にかかわらず全てのこどもの育ちをひとしく切れ目なく保障する視点を持ち、こどもや家族の支援に当たっていくことが重要である。
支援に当たる上では、障害の有無にかかわらず、全てのこどもが意見を表明する権利の主体であることを認識し、こどもが意見を表明する機会が確保され、年齢及び発達の程度に応じて、その意見が尊重され、こどもの最善の利益が優先考慮されるよう、取組を進めていくことが必要である。その際には、言語化された意見だけではなく、こどもの障害の特性や発達の程度をよく理解した上で、その特性や発達の程度に応じたコミュニケーション手段により、例えば、目の動きや顔の向き、声の出し方といった細やかな変化や行動を踏まえ、様々な形で発せられる思いや願いについて、丁寧にくみ取っていくことが重要である。

3. 障害児支援の基本理念
障害児支援に携わる者は、2.の全てのこどもに関わるこども施策の基本理念に加え、障害のあるこどもの育ちと個別のニーズを共に保障するため、次の基本理念を理解した上で、こどもや家族への支援、関係機関や地域との連携に当たっていくことが重要である。

（1） 障害の特性を踏まえたニーズに応じた発達支援の提供
こどもの発達全般や障害の特性・行動の特性等を理解し、こどもの発達及び生活の連続性に配慮し、こどもの今の育ちの充実を図る観点と将来の社会参加を促進する観点から、こどものウェルビーイングの向上につながるよう、必要な発達支援を提供することが必要である。
また、障害の特性による二次障害を予防する観点も重要であることから、こどもの特性に合わない環境や不適切な働きかけにより二次障害が生じる場合があることを理解した上で支援を提供するとともに、こどもの支援に当たっては、こども自身が内在的に持つ力を発揮できるよう、エンパワメント

を前提とした支援をすることが重要である。

（2） 合理的配慮の提供

障害者権利条約では、障害を理由とするあらゆる差別（「合理的配慮」の不提供を含む。）の禁止等が定められている。

障害のあるこどもの支援に当たっては、こども一人一人の障害の状態及び発達の過程・特性等に応じ、合理的な配慮の提供が求められる。このため、事業所等は、障害のあるこどもや保護者と対話を重ね、物理的な環境や意思疎通、ルールや慣行など、何が障害のあるこどもの活動を制限する社会的なバリアとなっているのか、また、それを取り除くために必要な対応はどのようなものがあるか、などについて検討していくことが重要である。

（3） 家族支援の提供

こどもは、家族やその家庭生活から大きな影響を受ける。家族がこどもの障害を含め、そのこども本人のありのままを肯定していくプロセスは平坦ではなく、成長・発達の過程で様々な葛藤に直面する。様々な出来事や情報で揺れ動く家族を、ライフステージを通じて、しっかりとサポートすることにより、こどもの「育ち」や「暮らし」が安定し、こども本人にも良い影響を与えることが期待できる。

家族の支援に当たっても、こどもの支援と同様、家族のウェルビーイングの向上につながるよう取り組んでいくことが必要であり、家族自身が内在的に持つ力を発揮できるよう、エンパワメントを前提とした支援をすることが重要である。

（4） 地域社会への参加・包摂
　　　（インクルージョン）の推進

全ての国民が障害の有無にかかわらず、互いに人格と個性を尊重しあい、理解しあいながら共に生きていく共生社会の実現に向けては、障害の有無にかかわらず、こどもたちが様々な遊びなどの機会を通じて共に過ごし、学びあい、成長していくことが重要である。このため、事業所等は、障害児支援だけでなく、こども施策全体の中での連続性を意識し、こどもの育ちと個別のニーズを共に保障した上で、地域社会への参加・包摂（インクルージョン）の推進の観点を常に持ちながら、こどもや家族の意向も踏まえ、保育所、認定こども園、幼稚園等の一般のこども施策との併行利用や移行に向けた支援や、地域で暮らす他のこどもとの交流などの取組を進めていくことが求められる。

（5） 事業所や関係機関と連携した切れ目のない
　　　支援の提供

こどもの現在、そして将来の豊かな育ちを保障していくためには、こどもと家族を中心に据えて、包括的なアセスメント・支援を行うことが必要であり、各事業所や各関係機関それぞれが、非連続な「点」として独自に支援を行うのではなく、子育て支援施策全体の連続性の中で、地域で相互に関係しあい連携しながら「面」で支えていく必要がある。

こどものライフステージに沿って、地域の保健、医療、障害福祉、保育、教育、社会的養護、就労支援等の関係機関や障害当事者団体を含む関係者が連携を図り、切れ目のない一貫した支援を提供する体制の構築を図る必要がある。

第2章　児童発達支援の全体像

1．定義

児童福祉法において、「児童発達支援」及び「児童発達支援センター」は、以下のように規定されている。

> **＜児童福祉法＞**
> ○　児童発達支援とは、障害児につき、児童発達支援センターその他の内閣府令で定める施設に通わせ、日常生活における基本的な動作及び知識技能の習得並びに集団生活への適応のための支援を供与し、又はこれに併せて児童発達支援センターにおいて治療・・・を行うことをいう。（第6条の2の2第2項）。
> ○　児童発達支援センターは、地域の障害児の健全な発達において中核的な役割を担う機関として、障害児を日々保護者の下から通わせて、高度の専門的な知識及び技術を必要とする児童発達支援を提供し、あわせて障害児の家族、指定障害児通所支援事業者その他の関係者に対し、相談、専門的な助言その他の必要な援助を行うことを目的とする施設とする（第43条）。

2．役割
（1） 児童発達支援の役割

児童発達支援は、大別すると、「本人支援」、「家族支援」、「移行支援」及び「地域支援・地域連携」からなる。

事業所等は、主に就学前の障害のあるこども又はその可能性のあるこどもに対し、個々の障害の状態や発達の状況、障害の特性等に応じた発達上のニーズに合わせて本人への発達支援（本人支援）を行うほか、こどもの発達の基盤となる家族への支援（家族支援）を行うことが求められる。また、全てのこどもが共に成長できるよう、障害のあるこどもが、可能な限り、地域の保育、教育等を受けられるように支援（移行支援）を行うほか、こどもや家庭に関わる関係機関と連携を図りながら、こどもや家族を包括的に支援（地域支援・地域連携）していくことも求められる。

（2） 児童発達支援センターの中核的役割

児童発達支援を提供する事業所等の中でも、特に児童発達支援センターについては、令和6年4月に施行された改正児童福祉法において、地域の障害児支援の中核的役割を担う機関として位置づけられたことから、（1）の役割に加えて、地域の関係機関との連携を進め、地域の支援体制の構築を図っていくことが求められる。

地域の関係機関との連携を進めるに当たっては、自治体や、障害福祉、母子保健、医療、子育て支援、教育、社会的養護など、こどもの育ちや家庭の生活に支援に関わるさまざまな分野の関係機関と連携を図ることが重要である。また、地域の支援体制の構築を進めるに当たっては、児童発達支援センターを利用する個々のこどもの支援における課題や成功事例、困難事例等について、地域の協議会や会議の場も活用しながら、地域全体の課題として取り組んでいくことも重要である。

児童発達支援センターが、多様な障害のあるこどもや家庭環境等に困難を抱えたこども等に対し、適切な発達支援を提供するとともに、地域全体の障害児支援の質の底上げを図るなど、地域における障害児支援の中核的な役割を担うためには、次の4つの機能を備えることが必要である。

> **＜児童発達支援センターの4つの機能＞**
> ア　幅広い高度な専門性に基づく発達支援・家族支援
> 　　機能
> 　　　こどもの発達全般や障害特性・行動特性等をアセスメントし適切なアプローチを行うとともに、成人期を見据え乳幼児期から段階的に必要なアプローチを行う視点、障害の有無にかかわらずこどもの育ちに大切な遊びを通じて支援する視点、子育て支援

の観点を持ちながら、幅広くどのようなこどもも受け入れることはもとより、地域の中で受入れ先を確保するのが難しいなど、高度な専門性に基づく発達支援・家族支援が必要な障害のあるこどもや家族にも、必要に応じ多職種で連携しながら適切な支援を提供する機能。なお、未就学児に限らず、学齢児にも提供されるべき点に留意すること。
イ　地域の障害児通所支援事業所に対するスーパーバイズ・コンサルテーション機能（支援内容等の助言・援助機能）
　　地域の障害児通所支援事業所に対して、地域の状況、地域で望まれている支援内容の把握、事業所との相互理解・信頼関係の構築を進め、対応が困難なこども・家族をはじめとする個別ケースへの支援を含めた事業所全体への支援を行っていく機能や、事業所向けの研修・事例検討会等の開催、地域における事業所の協議会の開催や組織化等を通し、地域の事業所の支援の質を高めていく機能。
ウ　地域のインクルージョン推進の中核としての機能
　　保育所等訪問支援やスーパーバイズ・コンサルテーションにより、地域の保育所や放課後児童クラブ等における障害のあるこどもの育ちの支援に協力するとともに、障害のあるこどもに対する保育所等の支援力の向上を図る等、保育所等への併行利用や移行を推進したり、広報や会議、研修等の機会を活用したインクルージョンの重要性・取組の発信・周知を進めていく機能。
エ　地域の障害のあるこどもの発達相談の入口としての幅広い相談機能
　　発達支援の入口として、幅広い相談に適切に対応し、必要に応じ適切な支援につなげる観点から、障害児相談支援の指定又はそれに準ずる相談機能を有することを基本としつつ、乳幼児健診や親子教室等の各種施策及びその実施機関等とも適切に連携しながら、家族がこどもの発達に不安を感じる等、「気付き」の段階にあるこどもや家族に対し、丁寧に幅広い相談に対応していく機能。

　なお、これらの4つの機能の具体的な内容や発揮の手法については、追って示す「地域における児童発達支援センター等を中核とした障害児支援体制整備の手引き」を参照すること。

3．児童発達支援の原則

（1）　児童発達支援の目標

　乳幼児期は、障害の有無にかかわらず、こどもの生涯にわたる人間形成にとって極めて重要な時期である。そのため、児童発達支援は、安全で安心して過ごすことができる居場所の提供により、こどもが充実した毎日を過ごし、望ましい未来を作り出し、生涯にわたるウェルビーイングを実現していく力の基礎を培うことが重要であることから、以下を目標として支援を提供していくことが必要である。

①アタッチメントの形成とこどもの育ちの充実

　安定したアタッチメント[2]（愛着）を形成していくことや、将来のこどもの発達・成長の姿を見通しながら、日常生活や社会生活を円滑に営めるよう、障害の状態や発達の状況、障害の特性等に応じ、様々な遊びや多様な体験活動の機会を提供することを通じて、こどもの自尊心や主体性を育てつつ、発達上のニーズに合わせて、こどもの育ちの充実を

図ること。

②家族への支援を通じたこどもの暮らしや育ちの安定

　こどもの家族の意向を受け止め、こどもと家族の安定した関係に配慮し、きょうだいを含めた家族をトータルに支援していくことを通じて、こどもの暮らしや育ちを支えること。

③こどもと地域のつながりの実現

　こどもや家族の意向を踏まえながら、保育所、認定こども園、幼稚園等との併行利用や移行を推進していくとともに、地域との交流を図るなど、地域において全てのこどもが共に成長できるよう支援することを通じて、こどもと地域のつながりを作っていくこと。

④地域で安心して暮らすことができる基盤づくりの推進

　こどもの育ちや家庭の生活の支援に関わる地域の関係機関や他の事業所等との連携を通じて、こどものライフステージや家庭の状況に応じて、切れ目のない一貫した支援を提供することにより、こどもと家族が包括的に支えられ、地域で安心して暮らすことができる基盤を作っていくこと。

（2）　児童発達支援の方法

　児童発達支援の主な対象は、成長が著しく、生涯にわたる人間形成にとって極めて重要な乳幼児時期のこどもであるため、こどもの発達の過程や障害の特性等に応じた発達上のニーズ等を丁寧に把握し理解した上で、児童発達支援を利用する全てのこどもに総合的な支援を提供することを基本としつつ、こどもの発達段階や障害特性など、個々のニーズに応じて、特定の領域に重点を置いた支援を組み合わせて行うなど、包括的かつ丁寧にオーダーメイドの支援を行っていくことが重要である。

　こどもの発達の過程や障害の特性等に応じた発達上のニーズ等の把握に当たっては、本人支援の5領域（「健康・生活」、「運動・感覚」、「認知・行動」、「言語・コミュニケーション」、「人間関係・社会性」）の視点等を踏まえたアセスメントを行うことが必要である。

　総合的な支援とは、本人支援の5領域の視点等を踏まえたアセスメントを行った上で、生活や遊び等の中で、5領域の視点を網羅した個々のこどもに応じたオーダーメイドの支援が行われるものである。

　また、特定の領域に重点を置いた支援とは、本人支援の5領域の視点等を踏まえたアセスメントを行った上で、5領域の視点を網羅した支援（総合的な支援）を行うことに加え、理学療法士等の有する専門性に基づきアセスメントを行い、5領域のうち、特定（又は複数）の領域に重点を置いた支援が計画的及び個別・集中的に行われるものであり、一対一による個別支援だけでなく、個々のニーズに応じた配慮がされた上で、小集団等で行われる支援も含まれるものである。

　そのため、本人支援の5領域の視点を網羅したアセスメントが行われないことや、5領域のうち特定の領域のみの支援のみを行うなど、本人支援の5領域の視点が網羅されていない状況で支援を提供することは、総合的な支援としては相応しいとは言えないものである。

　さらに、こどもは家庭や地域社会における生活を通じて、様々な体験等を積み重ねながら育っていくことが重要である。そのため、「本人支援」に加え、「家族支援」、「移行支援」、「地域支援・地域連携」もあわせて行われることが基本である。

　なお、支援の提供に当たっては、こどものいまの育ちを充実させていくこととあわせて、短期的及び長期的な視点をもって支援をしていくことが必要である。

　これらの基本的な考え方を踏まえながら、（1）の児童発達支援の目標を達成するために、児童発達支援に携わる職員は、次の事項に留意して、障害のあるこどもに対し、児童発

達支援を提供しなければならない。

2 こどもが怖くて不安なときに、身近なおとな（愛着対象）がそれを受け止め、こどもの心身に寄り添うことで、安心感を与えられる経験の繰り返しを通じて獲得される安心の土台。こどもに自らや社会への基本的な信頼感をもたらし、その基本的な信頼感は、自他の心の理解や共感、健やかな脳や身体の発達を促す。また、安定した愛着は、非認知能力の育ちに影響を与える重要な要素でもあり、生きる力につながっていく。

① 一人一人のこどもの状況や家庭及び地域社会での生活の実態について、アセスメントを適切に行い、こどもと保護者のニーズや課題を客観的に分析した上で支援に当たるとともに、こどもが安心感と信頼感を持って活動できるよう、こどもの主体としての思いや願いを受け止めること。

② こどもの生活リズムを大切にし、健康、安全で情緒の安定した生活ができる環境や、自己を十分に発揮できる環境を整えること。特に、3歳未満までのこどもの場合には、健康状態や生活習慣の形成に十分な配慮を行いながら、こどもの心身の発達に即して支援を行うこと。

③ 一人一人のこどもの発達や障害の特性について理解し、障害の状態や発達の過程に応じて、個別や集団における活動を通して支援を行うこと。その際、こどもの個人差に十分配慮すること。

④ こどもの相互の関係作りや互いに尊重する心を大切にし、集団における活動を効果あるものにするよう援助すること。特に、3歳以上のこどもの場合には、個の成長と、こども同士の協同的な活動が促されるよう配慮しながら支援を行うこと。

⑤ こどもが自発的、意欲的に関われるような環境を構成し、こどもの主体的な活動やこども相互の関わりを大切にすること。特に、乳幼児期にふさわしい体験が得られるように支援を行うこと。

⑥ こどもの成長は、「遊び」を通して促されることから、周囲との関わりを深めたり、表現力を高めたりする「遊び」を通し、職員が適切に関わる中で、豊かな感性や表現する力を養い、創造性を豊かにできるように、具体的な支援を行うこと。

⑦ 単に運動機能や検査上に表される知的能力にとどまらず、「育つ上での自信や意欲」、「発話だけに限定されないコミュニケーション能力の向上」、「自由で多様な選択」等も踏まえながら、こどものできること、得意なこと及び可能性に着目し可能性を拡げることや、苦手なことにも挑戦できる支援を行うこと。

⑧ 乳幼児期は、親子関係の形成期にあることを踏まえ、保護者のこどもの障害特性の理解等に配慮するとともに、一人一人の保護者の状況やその意向を理解し、受容し、それぞれの親子関係や家庭生活等に配慮しながら、様々な機会をとらえ、適切に援助すること。

⑨ こどもの育ちと個別のニーズを共に保障した上で、地域社会への参加・包摂（インクルージョン）の推進の観点を常に念頭に置き、こどもと地域のつながりを意識しながら支援を行うこと。

⑩ こどもや家族を包括的に支援していくためには、事業所等において、多職種でそれぞれの専門性を発揮し、こどものニーズを多方面から総合的に捉えるとともに、互いに協力しあいながらチームアプローチによる支援を行うこと。また、事業所等内にとどまらず、地域の関係機関や他の事業所等との連携を通じて、こどもや家族を支えていく連携体制を構築すること。

（3） 児童発達支援の環境
　児童発達支援を提供する上では、児童発達支援に携わる職員やこども等の人的環境、施設や遊具等の物的環境、さらには自然や社会の事象等の環境を考慮し、支援に当たる必要がある。
　事業所等は、こうした人、物、場等の環境が相互に関連しあい、こどもの生活が豊かなものとなるよう、次の事項に留意しつつ、計画的に環境を整え、工夫して、こどもに対し支援を行わなければならない。

① こども自らが環境に関わり、自発的に活動し、様々な経験を積んでいくことにより、興味関心を拡げ、こどもによる選択ができるよう配慮すること。

② こどもの活動が豊かに安全・安心に展開されるよう、事業所等の設備や環境を整えるとともに、事業所等の衛生管理や安全の確保等に努めること。

③ こどもが生活する空間は、温かで、親しみやすく、くつろげる場となるようにするとともに、障害の特性を踏まえ、時間や空間を本人にわかりやすく構造化することや、不安な気持ちを落ち着かせる環境を整えるなど、個々のニーズに配慮した環境の中で、生き生きと活動できる場となるように配慮すること。

④ こどもが人と関わる力を育てていくため、こども自らが周囲のこどもや大人と関わっていくことができる環境を整えること。

（4） 児童発達支援の社会的責任
　児童発達支援を提供する事業所等には、次のような社会的責任がある。

① 事業所等は、障害の有無にかかわらず、権利行使の主体としてこどもの人権に十分配慮することを徹底するとともに、こども一人ひとりの人格や意見を尊重して児童発達支援を行わなければならない。

② 事業所等は、通所するこどもの家族の意向を受け止め、支援に当たるとともに、家族に対し、当該事業所等が行う児童発達支援の内容について適切に説明し、相談や申入れ等に対し適切に対応しなければならない。

③ 事業所等は、地域社会との交流や連携を図り、地域社会に、当該事業所等が行う児童発達支援の内容等の情報を適切に発信しなければならない。

④ 事業所等は、児童発達支援計画に基づいて提供される支援の内容や役割分担について定期的に点検し、その質の向上が図られるようにするとともに、こどもが安心して支援を受けられるよう、安全管理対策等を講じなければならない。

⑤ 事業所等は、通所するこどもやその家族の個人情報を適切に取り扱わなければならない。

第3章　児童発達支援の提供すべき支援の具体的内容

1．児童発達支援の提供に当たっての留意事項
　児童発達支援に携わる職員は、こどもの育ちの連続性を意識した支援が求められていることから、保育所等との連携及び併行利用や移行に向けた支援を行うために、保育所保育指針（平成29年厚生労働省告示第117号）を理解するとともに、

幼稚園教育要領（平成 29 年文部科学省告示第 62 号）、特別支援学校幼稚部教育要領（平成 29 年文部科学省告示第 72 号）及び幼保連携型認定こども園教育・保育要領（平成 29 年内閣府・文部科学省・厚生労働省告示第 1 号）についても理解し、支援に当たることが重要である。特に、特別支援学校幼稚部教育要領の「自立活動」は、障害のある幼児がその障害による学習上又は生活上の困難の改善・克服のための指導について示していることに留意する必要がある。

2．児童発達支援の内容

児童発達支援は、障害のあるこどもに対し、身体的・精神的機能の適正な発達を促し、日常生活及び社会生活を円滑に営めるようにするために行う、それぞれの障害の特性に応じた福祉的、心理的、教育的及び医療的な援助である。

具体的には、障害のあるこどもの個々のニーズに応じて、「本人支援」、「家族支援」、「移行支援」及び「地域支援・地域連携」を総合的に提供していくものである。

「本人支援」は、5 領域（「健康・生活」、「運動・感覚」、「認知・行動」、「言語・コミュニケーション」、「人間関係・社会性」）の視点等を踏まえたアセスメントを行った上で、個々のこどもに応じて、オーダーメイドの支援を提供していくことが重要である。また、「本人支援」の各領域に示すねらい及び支援内容は、こどもが家庭や地域社会における生活を通じ、様々な体験を積み重ねる中で、相互に関連を持ちながら達成に向かうものである。このため、「本人支援」だけでなく、「家族支援」や「移行支援」、「地域支援・地域連携」を通して、育ちの環境を整えていくことが極めて重要である。

さらに、「本人支援」により得られた、障害のあるこどもが健やかに育っていくための方法について、家庭や地域に伝えていくことも重要である。特に児童発達支援センターは、こうした役割を担い、地域における連携・ネットワークの核となり、地域の関係機関との連携や保育所等訪問支援の実施、地域障害児支援体制強化事業・障害児等療育支援事業の実施や地域支援体制の構築のための会議の開催、地域集会等への積極的な参加等を通じて、地域においてこどもや家族を中心に据えた包括的な支援を提供する地域づくりを進めていくことが期待される。

（1）　本人支援

「本人支援」は、障害のあるこどもの発達の側面から、心身の健康や生活に関する領域「健康・生活」、運動や感覚に関する領域「運動・感覚」、認知と行動に関する領域「認知・行動」、言語・コミュニケーションの獲得に関する領域「言語・コミュニケーション」、人との関わりに関する領域「人間関係・社会性」の 5 領域にまとめられるが、これらの領域の支援内容は、お互いに関連して成り立っており、重なる部分もある。そのため、児童発達支援計画においては、「本人支援」について 5 つの欄を設けて、個々に異なる支援目標や支援内容を設定する必要はないが、各領域との関連性については必ず記載することとしている。

以下の（ア）から（オ）までに示す各領域における支援内容は、各領域におけるねらいを踏まえて考えられる支援内容を仔細に記載したものであり、実際の支援の場面においては、これらの要素を取り入れながら、こどもの支援ニーズや現在と当面の生活の状況等を踏まえて、こどもの育ち全体に必要な支援内容を組み立てていく必要がある。

また、この「本人支援」の大きな目標は、障害のあるこどもが、将来、日常生活や社会生活を円滑に営めるようにするものである。事業所等で行われる「本人支援」は、家庭や地域社会での生活に活かしていくために行われるものであり、

保育所等に引き継がれていくものである。

（ア）健康・生活

ねらい	・健康状態の維持・改善 ・生活習慣や生活リズムの形成 ・基本的生活スキルの獲得
支援内容	**＜健康状態の維持・改善＞** ・健康状態の把握と対応 　健康な心と体を育て、健康で安全な生活を作り出すことを支援する。また、こどもの心身の状態をきめ細やかに確認し、平常とは異なった状態を速やかに見つけ出し、必要な対応をすることが重要である。その際、意思表示が困難であるこどもの障害の特性及び発達の過程・特性等に配慮し、小さなサインでも心身の異変に気づけるよう、きめ細かな観察を行う。 ・リハビリテーションの実施 　日常生活や社会生活を営めるよう、それぞれのこどもが持つ機能をさらに発達させながら、こどもに適した身体的、精神的、社会的支援を行う。 **＜生活習慣や生活リズムの形成＞** 　睡眠、食事、排泄等の基本的な生活習慣を形成し、健康状態の維持・改善に必要な生活リズムを身につけられるよう支援する。また、健康な生活の基本となる食を営む力の育成に努めるとともに、楽しく食事ができるよう、口腔内機能・感覚等に配慮しながら、咀嚼・嚥下の接触機能、姿勢保持、手指の運動機能等の状態に応じた自助具等に関する支援を行う。さらに、衣服の調節、室温の調節や換気、病気の予防や安全への配慮を行う。 **＜基本的生活スキルの獲得＞** ・生活に必要な基本的技能の獲得 　こどもが食事、排泄、睡眠、衣類の着脱、身の回りを清潔にすること等の生活に必要な基本的技能を獲得できるよう、生活の場面における環境の工夫を行いながら、こどもの状態に応じて適切な時期に適切な支援をする。 ・構造化等による生活環境の調整 　生活の中で、様々な遊びを通した学びが促進されるよう環境を整える。また、障害の特性に配慮し、時間や空間を本人に分かりやすく構造化する。 ・医療的ケア児への適切なケアの実施 　適切に医療的ケアを受けられるよう、こどもの医療濃度に応じた医療的ケアの実施や医療機器の準備、環境整備を行う。

（イ）運動・感覚

ねらい	・姿勢と運動・動作の基本的技能の向上 ・姿勢保持と運動・動作の補助的手段の活用 ・身体の移動能力の向上 ・保有する感覚の活用 ・感覚の補助及び代行手段の活用 ・感覚の特性への対応
支援内容	**＜姿勢と運動・動作の基本的技能の向上＞** 　日常生活に必要な動作の基本となる姿勢保持や上肢・下肢の運動・動作の改善及び習得、関節の拘縮や変形の予防、筋力の維持・強化を図る。

支援内容	**<姿勢保持と運動・動作の補助的手段の活用>**　姿勢の保持や各種の運動・動作が困難な場合、姿勢保持装置など、様々な補助用具等の補助的手段を活用してこれらができるよう支援する。 **<身体の移動能力の向上>**　自力での身体移動や歩行、歩行器や車椅子による移動など、日常生活に必要な移動能力の向上のための支援を行う。 **<保有する感覚の活用>**　保有する視覚、聴覚、触覚、嗅覚、固有覚、前庭覚等の感覚を十分に活用できるよう、遊び等を通して支援する。 **<感覚の補助及び代行手段の活用>**　障害の状態や発達の段階、興味関心に応じて、保有する感覚器官を用いて情報を収集し、状況を把握しやすくするよう、眼鏡や補聴器等の各種の補助機器やICTを活用することや、他の感覚や機器による代行が的確にできるよう支援する。 **<感覚の特性への対応>**　感覚の特性（感覚の過敏や鈍麻）を踏まえ、感覚の偏りに対する環境調整等の支援を行う。

（ウ）認知・行動

ねらい	・認知の特性についての理解と対応 ・対象や外部環境の適切な認知と適切な行動の習得（感覚の活用や認知機能の発達、知覚から行動への認知過程の発達、認知や行動の手掛かりとなる概念の形成） ・行動障害への予防及び対応
支援内容	**<認知の特性についての理解と対応>**　一人一人の認知の特性を理解し、それらを踏まえ、自分に入ってくる情報を適切に処理できるよう支援する。また、こだわりや偏食等に対する支援を行う。 **<対象や外部環境の適切な認知と適切な行動の習得>** ・感覚の活用や認知機能の発達　視覚、聴覚、触覚等の感覚を十分活用して、これらの感覚から情報が適切に取得され、認知機能の発達を促す支援を行う。 ・知覚から行動への認知過程の発達　取得した情報を過去に取得した情報と照合し、環境や状況を把握・理解できるようにするとともに、これらの情報を的確な判断や行動につなげることができるよう支援を行う。 ・認知や行動の手掛かりとなる概念の形成　物の機能や属性、形、色、音が変化する様子、大小、数、重さ、空間、時間等の概念の形成を図ることによって、それを認知や行動の手掛かりとして活用できるよう支援する。 **<行動障害への予防及び対応>**　感覚や認知の偏り、コミュニケーションの困難性から生ずる行動障害の予防及び適切行動への対応の支援を行う。

（エ）言語・コミュニケーション

ねらい	・コミュニケーションの基礎的能力の向上 ・言語の受容と表出 ・言語の形成と活用 ・人との相互作用によるコミュニケーション能力の獲得 ・コミュニケーション手段の選択と活用

ねらい	・状況に応じたコミュニケーション ・読み書き能力の向上
支援内容	**<コミュニケーションの基礎的能力の向上>**　障害の種別や程度、興味関心等に応じて、言葉によるコミュニケーションだけでなく、表情や身振り、各種の機器等を用いて意思のやりとりが行えるようにするなど、コミュニケーションに必要な基礎的な能力を身につけることができるよう支援する。 **<言語の受容と表出>**　話し言葉や各種の文字・記号等を用いて、相手の意図を理解したり、自分の考えを伝えたりするなど、言語を受容し表出することができるよう支援を行う。 **<言語の形成と活用>**　具体的な事物や体験と言葉の意味を結びつけること等により、自発的な発声を促し、体系的な言語を身につけることができるよう支援する。 **<人との相互作用によるコミュニケーション能力の獲得>**　個々に配慮された場面における人との相互作用を通して、相手と同じものに注意を向け、その行動や意図を理解・推測するといった共同注意の獲得等を含めたコミュニケーション能力の向上のための支援を行う。 **<コミュニケーション手段の選択と活用>** ・指差し、身振り、サイン等の活用　指差し、身振り、サイン等を用いて、環境の理解と意思の伝達ができるよう支援する。 ・手話、点字、音声、文字等のコミュニケーション手段の活用　手話、点字、音声、文字、触覚、平易な表現等による多様なコミュニケーション手段を活用し、環境の理解と意思の伝達ができるよう支援する。 ・コミュニケーション機器の活用　機器（パソコン・タブレット等のICT機器を含む。）等のコミュニケーション手段を適切に選択、活用し、環境の理解と意思の伝達が円滑にできるよう支援する。 **<状況に応じたコミュニケーション>**　コミュニケーションを円滑に行うためには、伝えようとする側と受け取る側との人間関係や、そのときの状況を的確に把握することが重要であることから、場や相手の状況に応じて、主体的にコミュニケーションを展開できるよう支援する。 **<読み書き能力の向上>**　発達障害のあるこどもなど、障害の特性に応じた読み書き能力の向上のための支援を行う。

（オ）人間関係・社会性

ねらい	・アタッチメント（愛着）の形成と安定 ・遊びを通じた社会性の発達 ・自己の理解と行動の調整 ・仲間づくりと集団への参加
支援内容	**<アタッチメント（愛着）の形成と安定>** ・アタッチメント（愛着）の形成　こどもが基本的な信頼感を持つことができるように、環境に対する安心感・信頼感、人に対する信頼感、自分に対する信頼感を育む支援を行う。 ・アタッチメント（愛着）の安定　自身の感情が崩れたり、不安になった際に、

付録

児童発達支援ガイドライン

支援内容	大人が相談にのることで、安心感を得たり、自分の感情に折り合いをつけたりできるよう「安心の基地」の役割を果たせるよう支援する。

       ＜遊びを通じた社会性の促進＞
・模倣行動の支援
    遊び等を通じて人の動きを模倣することにより、社会性や対人関係の芽生えを支援する。
・感覚・運動遊びから象徴遊びへの支援
    感覚機能を使った遊びや運動機能を働かせる遊びから、見立て遊びやつもり遊び、ごっこ遊び等の象徴遊びを通して、徐々に社会性の発達を支援する。
・一人遊びから協同遊びへの支援
    周囲にこどもがいても無関心である一人遊びの状態から並行遊びを行い、大人が介入して行う連合的な遊び、役割分担したりルールを守って遊ぶ協同遊びを通して、徐々に社会性の発達を支援する。
    ＜自己の理解と行動の調整＞
    大人を介在して自分のできることや苦手なことなど、自分の行動の特徴を理解するとともに、気持ちや情動の調整ができるように支援する。
    ＜仲間づくりと集団への参加＞
    集団に参加するための手順やルールを理解し、こどもの希望に応じて、遊びや集団活動に参加できるよう支援するとともに、共に活動することを通じて、相互理解や互いの存在を認め合いながら、仲間づくりにつながるよう支援する。

（障害特性に応じた配慮事項）
　児童発達支援に携わる職員は、障害のあるこどもの発達の状態及び発達の過程・特性等を理解し、一人一人のこどもの障害の特性及び発達の状況に応じた支援を行うことが必要である。
　また、それぞれの特性に応じて、設備・備品への配慮のほか、こどもや保護者との意思の疎通、情報伝達のための手話等による配慮を行う等、様々な合理的配慮を行いながら環境を工夫することなどが必要である。
　なお、ここでは、特に配慮すべき内容について以下のとおり示しているが、障害の特性だけで捉えられることばかりではないため、この内容だけに捉われることなく、こどもの状態像の把握とアセスメントを行った上で、必要な配慮を行うことが必要である。

○　視覚に障害のあるこどもに対しては、聴覚、触覚及び保有する視覚等を十分に活用しながら、様々な体験を通して身近な物の存在を知り、興味・関心や意欲を育てていくこと等を通じて、社会性を育て、生活経験を豊かにしていくことが必要である。また、ボディイメージを育て、身の回りの具体的な事物・事象や動作と言葉とを結び付けて基礎的な概念の形成を図るようにすることが必要である。

○　聴覚に障害のあるこども（人工内耳を装用しているこどもを含む。）に対しては、聴こえない又は聴こえにくい特性や必要な配慮を理解した上で（ろう重複、盲重複の場合には、特に配慮が必要）、保有する聴覚や視覚的な情報等を十分に活用して言葉の習得と概念の形成を図る支援を行う必要がある。また、音声、文字、手話、指文字等を適切に活用して人との関わりを深めたり、日常生活に必要な知識を広げたりする態度や習慣を育てる必要がある。

　特に、乳幼児期のこどもの意思は多様な形で表れるため、こどもの年齢及び発達や障害の程度に応じて、言葉だけでなく、手話や表情、行動も含めた様々なコミュニケーション手段でこどもが発することに留意することも必要である。

○　知的障害のあるこどもに対しては、活動内容や環境の設定を創意工夫し、活動への意欲を高めて、発達を促すようにすることが必要である。また、ゆとりや見通しをもって活動に取り組めるよう配慮するとともに、周囲の状況に応じて安全に行動できるようにすることが必要である。

○　発達障害のあるこどもに対しては、予定等の見通しをわかりやすくすることや、感覚の特性（感覚の過敏や鈍麻）に留意し、安心できる環境づくりが必要である。また、具体的又は視覚的な手段を用いながら、活動や場面の理解を促すことや、人と関わる際の具体的な方法や手段を個々の特性に応じて身に付けることが必要である。

○　精神的に強い不安や緊張を示すこどもに対しては、特定の人との関係性を軸に、周囲の人との関わりを拡げていくとともに、活動内容や環境の設定を創意工夫し、情緒の程よい表出を促すことが必要である。また、安心感のある肯定的な関わりを大切にするとともに、少人数でゆったりと落ち着いた受容的な環境を用意することが必要である。

○　場面緘黙（選択性かん黙）のあるこどもに対しては、話さないということだけに着目して、話すことを強制したり、話さないこどもとみなしたりするのではなく、こどもの心理的な要因や環境的な要因等により、他の場面では話せているにもかかわらず、場面によっては話ができないという状態であることを理解した上で支援に当たることが必要である。こどもの緊張や不安の緩和を目標にして、こどもの意思が表出しやすい場面を設け、指さしやカード、身振りなど言葉以外の方法でコミュニケーションを取れるよう工夫することが必要である。

○　肢体不自由のこどもに対しては、身体の動きや健康の状態等に応じ、可能な限り体験的な活動を通して経験を拡げるようにすることが必要である。また、興味や関心をもって、進んで身体を動かそうとしたり、表現したりするような環境を創意工夫して設定することが必要である。

○　病弱・身体虚弱のこどもに対しては、病気の状態等に十分に考慮し、活動と休息のバランスを取りながら、様々な活動が展開できるようにすることが必要である。心臓病等により乳幼児期に手術等を受けているこどもは、治療過程で運動や日常生活上での様々な制限を受けたり、同年代のこどもとの関わりが少なくなるなど、学びの基礎となる経験が不足することがある。小児慢性特定疾病や難病等のこどもを含め、こどもが可能な限り体験的な活動を経験できるよう、主治医からの指示・助言や保護者からの情報を三者で共有しながら支援を行うことが必要である。

○　医療的ケアが必要なこどもに対しては、医療的ケアの目的や具体的な手法等について十分に情報を収集し、医師の指示に基づき、適切にケアを提供する体制をあらかじめ整えた上で、心身や健康の状態、病気の状態等を十分に考慮し、活動と休息のバランスを取りながら、様々な活動が展開できるようにす

ることが必要である。また、健康状態の維持・改善に必要な生活習慣を身に付けることができるようにすることが必要である。さらに、こどもが可能な限り体験的な活動を経験できるよう、主治医からの指示・助言や保護者からの情報を三者で共有しながら支援を行うことが必要である。なお、医療的ケアが必要なこどもの中には、見た目では医療的ケアが必要であると分からないこどももいることに配慮することが必要である。

○　重症心身障害のあるこどもに対しては、重度の知的障害及び重度の肢体不自由があるため、意思表示の困難さに配慮し、こどもの小さなサインを読み取り、興味や関心に応じて体験的な活動の積み重ねができるようにすることが必要である。これは、不快、苦痛、体調不良時等の意思表示であっても同様であり、その表情等から変化に気づけるよう、心身の状態を常にきめ細かく観察することが必要である。また、筋緊張を緩和する環境づくりや遊び、姿勢管理により、健康状態の維持・改善を図ることが必要である。

○　複数の種類の障害のあるこどもに対しては、それぞれの障害の特性に配慮した支援が必要である。

○　知的障害と発達障害のあるこどもに対しては、将来的な強度行動障害のリスクを把握し、適切なアセスメントを踏まえ、それぞれの障害の特性に応じた支援の提供と、環境の調整に取り組むなど、行動上の課題を誘発させないよう、予防的な観点をもって支援を行っていくことが必要である。
　　行動上の課題が顕在化した際には、現在の行動上の課題やその行動の意味等にも着目する機能的アセスメントを行い、それを踏まえて、こどもが安心して過ごせるための環境調整や、自発的なコミュニケーションスキル等を身につけていくための「標準的な支援」が必要である。

○　高次脳機能障害のあるこどもに対しては、障害による認知や行動上の特性等を理解するとともに、障害を受ける前にできていたことができないといった悩みを抱えていることがあるため、心のケアを心がけつつ支援を行うことが必要である。

（特に支援を要する家庭のこどもに対する支援に当たっての留意点）

　こどもが行動、態度や表情など気がかりな様子を見せる時は、その原因や背景を考える必要がある。事業所等の支援環境や手立ての調整を行うことで改善できることもあれば、こどもの生活環境全般を見渡し分析した上で、その環境上で発生している事象にアプローチしなければならないこともある。ここでは、いくつかの気に留めておくべきこどもの行動や態度、表情などを取り上げ、支援を行うに当たっての留意点として以下に示すが、これらの留意点に加え、まずは日頃から保護者との関係づくりを丁寧に行うことで保護者の孤立を防ぐとともにこどもの変化に気付きやすくしておくこと、さらには専門機関やボランティア・NPO団体などの地域資源についての情報を収集しておくことが重要である。

○　不自然な傷がある、日常的に身なりが不衛生で放置が疑われるなど虐待を受けていることが疑われるこどもについては、極度の緊張した表情や極度の甘えがみられるなどの様々な反応に対する理解や、職員とのアタッチメント（愛着）の形成を含めた信頼

関係の構築が重要である。

○　サイズに合ってない衣類を着ている、朝食を食べていない、医療機関を受診しない、生活リズムの乱れが見られるなど生活に困窮していることが疑われる家庭のこどもについては、食事等の基本的な生活習慣や生活リズムの形成、食事、排泄、睡眠、衣類の着脱等の基本的生活スキルの獲得などを基盤として、様々な豊かな経験を提供するとともに、保護者やこどもの自尊心を傷つけないよう十分配慮することが必要である。

○　近年増加傾向にある外国にルーツのあるこどもについては、日本語がうまく話せないことで他のこどもとの関係を構築することが難しいこともあり、学習が進みにくい、あるいは、文化の違いなどにより差別やいじめを受ける場合もあるなど、生活上の困難さを感じているこどもも多いことから、支援に当たっては、まずはこどもが持つ困難さを把握し、それぞれの困難さに対して具体的にどのような支援が必要かを「多文化共生」という視点を入れながら考えていくことが重要である。

（2）　家族支援

　こどもは、保護者や家庭生活から大きな影響を受けることから、こどもの成長や発達の基盤となる親子関係や家庭生活を安定・充実させることが、こどもの「育ち」や「暮らし」の安定・充実につながる。このため、障害のあるこどもを育てる家族が安心して子育てを行うことができるよう、家族（きょうだいを含む。）と日頃から信頼関係を構築し、障害の特性に配慮し、丁寧な「家族支援」を行うことが必要である。

　特に、保護者がこどもの発達を心配する気持ちを出発点とし、こどもの障害を含むその子のありのままを肯定していくプロセスは平坦ではなく、成長・発達の過程で様々な葛藤に直面するものであり、障害があってもこどもの育ちを支えていけるような気持ちを持つことができるようになるまでの過程においては、関係者が十分な配慮を行い、日々こどもを育てている保護者の思いを尊重するとともに、様々な出来事や情報で揺れ動く保護者に寄り添いながら、伴走した支援が必要である。

　家族支援においては、こども本人の状況や家庭の状況等を踏まえるとともに、保護者の気持ちを受け止め、こども本人と保護者との相互の信頼関係を基本に保護者の意思を尊重する姿勢が重要である。

ねらい	・アタッチメント（愛着）の形成 ・家族からの相談に対する適切な助言等 ・障害の特性に配慮した家庭環境の整備
支援内容	**＜アタッチメント（愛着）の形成＞** ・こどもの信頼感を育み、家族や周囲の人と安定した関係を形成するための支援 **＜家族からの相談に対する適切な助言等＞** ・家族の子育てに関する困りごとに対する相談援助 ・こどもの発達上のニーズについての気づきの促しとその後の支援 ・こどもの抱き方や食事のとり方等の具体的な介助方法についての助言・提案 ・家族のレスパイトの時間の確保や就労等による預かりニーズに対応するための延長支援 ・心理的カウンセリングの実施 ・保護者同士の交流の機会の提供

支援内容	・きょうだい同士の交流の機会の提供やきょうだいに対する相談援助 **＜障害の特性に配慮した家庭環境の整備＞** ・こどもの発達状況や特性の理解に向けた相談援助、講座、ペアレント・トレーニングの実施 ・家族に対する支援場面を通じた学びの機会の提供

（支援に当たっての配慮事項）

　乳幼児期は、親が障害のあるこどもを育てる初期の不安な時期であり、孤立感を感じやすい時期でもある。そのため、こどもと家族を早期から支援することで、孤立感を軽減できるようトータルに支援していくことが重要である。

　以下は、家族のさまざまな不安や負担を軽減していく観点から特に配慮すべき内容を示しており、「家族支援」の提供に当たり留意すること。

○　「家族支援」は、大きなストレスや負担にさらされている母親が中心となる場合が多いが、父親やきょうだい、さらには祖父母など、家族全体を支援していく観点が必要である。

○　「家族支援」は、家族がこどもの障害の特性等を理解していくために重要な支援であるが、理解のプロセス及び態様は、それぞれの家族で異なることを理解することが重要である。

○　特に、こどもの障害の特性等の理解の前段階として、「気づき」の支援も「家族支援」の重要な内容であり、個別性に配慮して慎重に行うことが大切である。

○　「家族支援」において明らかとなってくる虐待（ネグレクトを含む。）の疑いや保護者自身の精神的な状態、経済的な課題、ＤＶ等の家族関係の課題等に応じて心理カウンセリング等、専門的な支援が必要な場合は、適切な関係機関につないでいく等の対応が求められる。

○　「家族支援」は、必要に応じて、障害児相談支援事業所、他の児童発達支援センターや児童発達支援事業所、居宅介護（ホームヘルプ）や短期入所（ショートステイ）等を実施する障害福祉サービス事業所、発達障害者支援センター、医療的ケア児支援センターや医療的ケア児等コーディネーター、児童相談所、こども家庭センター、専門医療機関、保健所等と緊密に連携を図り実施することが必要である。

○　社会的養護の状況にあるこどもの場合には、児童養護施設や里親、ファミリーホーム等、家族とは異なる場で生活をしている場合もあり、そのような場合には、こどもの暮らしを支える関係者と緊密な連携を図っていくことも必要である。

（3）　移行支援

　地域社会で生活する平等の権利の享受と、地域社会への参加・包摂（インクルージョン）の考え方に立ち、全てのこどもが共に成長できるよう、障害のあるこどもが、可能な限り、地域の保育、教育等を享受し、その中で適切な支援を受けられるようにしていくことや、同年代のこどもをはじめとした地域における仲間づくりを図っていくことが必要である。

　このため、事業所等における支援の中に「移行」という視点を取り入れ、具体的な移行先が既にある場合は、その移行先への移行に向けた支援を、現時点で特段の具体的な移行先

がない場合は、こどもが地域で暮らす他のこどもと繋がりながら日常生活を送ることができるように支援を提供するなど、「移行支援」を行うことが重要である。

　なお、特に入園・入学時等のライフステージの移行時における「移行支援」は、こどもを取り巻く環境が大きく変化することも踏まえ、支援の一貫性の観点から、より丁寧な支援が求められる。

ねらい	・保育所等への移行支援 ・ライフステージの切替えを見据えた将来的な移行に向けた準備 ・保育所等と併行利用している場合における併行利用先との連携 ・同年代のこどもをはじめとした地域における仲間づくり
支援内容	**＜保育所等への移行支援、ライフステージの切替えを見据えた将来的な移行に向けた準備＞** ・具体的な移行や将来的な移行を見据えたこどもの発達の評価・支援（※） ・具体的な移行先との調整 ・移行先との支援方針・支援内容の共有や、こどもの状態・親の意向・支援方法についての伝達 ・家族への情報提供や移行先の見学調整 ・移行先の受け入れ体制づくりへの協力 ・移行先への相談援助 ・進路や移行先の選択についての本人や家族への相談援助（※） **＜保育所等と併行利用している場合における併行利用先との連携＞** ・併行利用先とのこどもの状態や支援内容の共有（例：得意不得意やその背景、声掛けのタイミングやコミュニケーション手段の共有） ・併行利用の場合の利用日数や利用時間等の調整 **＜同年代のこどもをはじめとした地域における仲間づくり＞** ・地域の保育所等や子育て支援サークル、児童館、地域住民との交流

（※）「移行」の視点を持った本人や家族に対する支援は、「本人支援」や「家族支援」と内容が重なる場合もある。

（4）　地域支援・地域連携

　事業所等において、障害のあるこどもや家族を中心に据えた包括的な支援を提供するためには、こどもの育ちや家庭の生活の支援に関わる保健・医療・福祉・教育・労働等の関係機関や障害福祉サービス等事業所と連携して、こどもや家族の支援を進めていく「地域支援・地域連携」を行うことが必要である。

　「地域支援・地域連携」を行うに当たっては、こどものライフステージに応じた切れ目のない支援（縦の連携）と関係者間のスムーズな連携の推進（横の連携）の両方（縦横連携）が重要である。

　なお、ここでいう「地域支援・地域連携」とは、こどもや家族を対象とした支援を指すものであり、地域の事業所への後方支援や、研修等の開催・参加等を通じた地域の支援体制の構築に関するものではないことに留意すること。

ねらい	・通所するこどもに関わる地域の関係者・関係機関と連携した支援

支援内容	<通所するこどもに関わる地域の関係者・関係機関と連携した支援> ・こどもが通う保育所等や通う予定の学校・放課後児童クラブとの情報連携や調整、支援方法や環境調整等に関する相談援助、児童発達支援計画の作成又は見直しに関する会議の開催 ・こどもを担当する保健師や、こどもが通う医療機関等との情報連携や調整 ・こどもに支援を行う発達障害者支援センターや医療的ケア児支援センター、地域生活支援拠点等との連携 ・こどもが利用する障害児相談支援事業所や障害福祉サービス事業所、他の障害児通所支援事業所との生活支援や発達支援における連携 ・虐待が疑われる場合には、児童相談所やこども家庭センターとの情報連携 ・児童委員、主任児童委員等地域の関係者等との連携 ・個別のケース検討のための会議の開催

（支援に当たっての配慮事項）

「地域支援・地域連携」を行うに当たっては、以下に留意すること。

○ 「地域支援・地域連携」は、児童発達支援を利用するこどもが地域の様々な場面で適切な支援を受けられるよう関係機関等と連携することが重要であることから、普段から、地域全体の子育て支援を活性化するためのネットワークを構築しておくという視点が必要である。

第4章 児童発達支援計画の作成及び評価

児童発達支援の適切な実施に当たっては、障害児相談支援事業所が、障害のあるこどもや保護者の生活全般における支援ニーズや解決すべき課題等を把握し、最も適切な支援の組み合わせについて検討し、障害児支援利用計画を作成する。その後、児童発達支援管理責任者が、障害児支援利用計画における総合的な援助の方針等を踏まえ、当該事業所等が提供する具体的な支援内容等について検討し、児童発達支援計画を作成し、これに基づき日々の支援が提供されるものである。

なお、セルフプランにより児童発達支援を利用するこどもであって、複数の事業所等から継続的に支援を受けている場合は、事業所間で連携し、こどもの状態や支援状況の共有等を行うなど、障害児支援の適切な利用を進めることが重要であり、事業所間におけるこどもの状態像の認識や必要な支援の見立て、支援内容等のバラつきにより、こどもに過度なストレスを与えることのないよう留意すること。

また、障害児相談支援事業所と事業所等の関係性は、単に相談支援専門員が作成した障害児支援利用計画に基づき、児童発達支援管理責任者が児童発達支援計画を作成し、支援を実施するという上下の関係にはない。こどもや家族の生活全般のニーズに対応するため、事業所等からも障害児相談支援事業所に積極的に働きかけるなど、双方向のやり取りを行う関係であることに留意して連携する必要がある。

1．障害児支援利用計画の作成の流れ

（1）障害児相談支援事業所による障害児支援利用計画案の作成と市町村による支給決定

○ 障害児相談支援事業に従事する相談支援専門員は、事業所等の利用を希望するこどもや保護者の求めに応じて障害児支援利用計画案の作成を行う。

○ 相談支援専門員は、こどもや家族との面談により、こどもの心身の状況や置かれている環境、日常生活の状況、現に受けている支援、支援の利用の意向等をこどもや家族から聴き取った上で、それらに基づいたアセスメントによりニーズを明らかにし、総合的な援助方針を提案する。

○ こどもや家族の意向と総合的な援助方針に基づき、個々のこどもの障害の状態や発達の状況、障害の特性等に応じた発達上のニーズに対応し、生活全般のニーズを充足するために、必要な支援を検討する。

○ 乳幼児期の障害のあるこどもへの支援には、児童福祉法に基づき、通所により発達支援を行う「児童発達支援」のほか、重度の障害等により外出が著しく困難な障害のあるこどもに対し、居宅を訪問して発達支援を行う「居宅訪問型児童発達支援」、保育所等を利用している障害のあるこどもに対し支援を行う「保育所等訪問支援」がある。また、障害者の日常生活及び社会生活を総合的に支援するための法律（平成17年法律第123号。以下「障害者総合支援法」という。）に基づき、居宅で入浴や排泄、食事の介護等を行う居宅介護（ホームヘルプ）や、自宅で介護する人が病気の場合等に、短期間、施設で入浴や排泄、食事の介護等を行う短期入所（ショートステイ）等の障害福祉サービスが利用できる。

○ 障害児支援利用計画案は、これらの支援の中から、必要な支援を選択又は組み合わせ、個々の支援の目的や内容及び量について検討し、こども又は保護者の同意のもと作成するものである。

○ 市町村は、作成された障害児支援利用計画案を勘案し、事業所等の利用についての支給決定を行うこととなる。

（2）担当者会議の開催と障害児支援利用計画の確定

○ 相談支援専門員は、市町村による支給決定後、こどもや家族の希望を踏まえて、支援を提供する事業所の調整を行い、それらの事業所等を集めた担当者会議を開催する。担当者会議には、こどもや家族、事業所等の児童発達支援管理責任者や職員、他の支援等を利用している場合にはその担当者、その他必要に応じて、こどもや家族への支援に関係する者が招集される。

○ 担当者会議では、障害児支援利用計画案の作成に至る経緯、こどもや家族の意向と総合的な援助方針、ニーズと支援目標、支援内容等について共有する。

○ 担当者会議の参加者は、障害児支援利用計画案の内容について意見交換を行うが、その際、事業所等の担当者は、児童発達支援の専門的な見地からの意見を述べることが求められる。また、障害児支援利用計画案に位置づけられた当該事業所等に期待される役割を確認するとともに、障害のあるこどもが、地域の中で他のこどもと共に成長できるようにするため、こどもの最善の利益の観点から、支援の提供範囲にとどまらず、意見を述べることが重要である。

○ 相談支援専門員は、担当者会議における参加者による意見交換を受けて、支援の提供の目的や内容を調整し、各担当者の役割を明確にした上で、こども又は保護者の同意のもと障害児支援利用計画を確定する。確定した障害児支援利用計画は、こどもや保護者をはじめ、支給決定を担当する市町村、事業所等の支援を提供する者に配付

付録 児童発達支援ガイドライン

され共有される。

（3）　児童発達支援計画に基づく児童発達支援の実施

○　事業所等の児童発達支援計画は、児童発達支援管理責任者が、障害児支援利用計画における総合的な援助方針や、当該事業所等に対応が求められるニーズを踏まえて、児童発達支援の具体的な内容を検討し、作成する。児童発達支援計画の作成については、２．を参照すること。

○　事業所等は、障害児相談支援事業所と連携し、障害児支援利用計画との整合性のある児童発達支援計画の作成と児童発達支援の提供を行うことが重要である。なお、障害児支援利用計画と児童発達支援計画は、個々のこどもの支援における合理的配慮の根拠となるものである。

○　事業所等は、作成された児童発達支援計画に基づき児童発達支援を実施する。

○　障害児相談支援事業所が作成する障害児支援利用計画に代えてセルフプランにより児童発達支援を利用するこどもであって、複数の事業所等から継続的に支援を受けている場合は、市町村が選定するコア連携事業所（こどもの支援について適切なコーディネートを進める中核となる事業所等）を中心として、事業所間で連携して児童発達支援を実施する。

（4）　障害児相談支援事業所によるモニタリングと障害児支援利用計画の見直し

○　相談支援専門員は、一定期間毎に、こどもと家族に対する面談により、障害児支援利用計画に基づいた支援の提供状況や効果、支援に対する満足度についてモニタリングを実施する。また、各事業所から支援の提供状況や効果について確認した結果、現在の支援がニーズの充足のために適切でなかったり、当初のニーズが充足してニーズが変化していたり、新たなニーズが確認された場合は、必要に応じて担当者会議を開催し、障害児支援利用計画を見直す。

○　担当者会議において、事業所等の児童発達支援管理責任者は、その時点までの児童発達支援の提供状況を踏まえて、目標の達成度や気づきの点等の情報を積極的に共有することが重要である。そのためには、事業所等の設置者・管理者は、児童発達支援管理責任者や職員のうち、こどもの状況をよく理解した者を参画させなければならない。

○　障害児支援利用計画の内容が見直され、総合的な援助方針や事業所等に求められる役割が変更された場合には、児童発達支援管理責任者は、必要に応じて児童発達支援計画を変更し、適切な児童発達支援を実施する。

（5）　その他の連携について

○　事業所等による児童発達支援は、こどもや家族への生活全般における支援の一部を継続的に実施するものである。日々の支援を担う事業所等は、こどもや家族のニーズの変化を細やかに把握することができる。また、継続的な関わりは、こどもや家族へのアセスメントを深め、潜在的なニーズの把握にもつながる。

○　しかし、それらのニーズは、事業所等のみで対応できるものばかりではなく、他の支援機関による対応が必要な場合もある。その場合は適切な支援が調整され提供されるように、速やかに障害児相談支援事業所などの関係機関と連絡を取り合う必要がある。

2.　児童発達支援計画の作成の流れ

　　児童発達支援管理責任者は、児童発達支援を利用するこどもと家族のニーズを適切に把握し、児童発達支援が提供すべき支援の内容を踏まえて児童発達支援計画を作成し、全ての職員が児童発達支援計画に基づいた支援を行っていけるように調整する。また、提供される支援のプロセスを管理し、客観的な評価等を行う役割がある。

（1）　こどもと保護者及びその置かれている環境に対するアセスメント

○　児童発達支援管理責任者は、こどもや家族への面談等により、本人支援の５領域（「健康・生活」、「運動・感覚」、「認知・行動」、「言語・コミュニケーション」、「人間関係・社会性」）の視点等を踏まえたアセスメントを実施する。なお、「障害児通所給付費に係る通所給付決定事務等について」（令和6年4月）において、市町村が、支給決定の際に、介助の必要性や障害の程度の把握のために実施する「5領域20項目の調査」の結果について、保護者に対し、利用する事業所等に交付するよう依頼することが望ましい旨示していることから、事業所等は、保護者に対し、「5領域20項目の調査」の結果について確認の上、当該結果について、アセスメントを含め実際の支援の場面にも活用していくことが重要である。

○　こどもと保護者及びその置かれている環境を理解するためには、こどもの障害の状態だけでなく、こどもの適応行動の状況を、標準化されたツールを用いたフォーマルなアセスメントや、日々の行動観察なども含むインフォーマルなアセスメントを使用する等により確認する必要がある。

　　また、こどもの発育状況、自己理解、心理的課題、こどもの興味・関心、養育環境、これまで受けてきた支援、現在関わっている関係機関、地域とのつながり、利用に当たっての希望、将来の展望等について必要な情報を集め、こどもと保護者のニーズや課題を分析する必要がある。

○　保護者のニーズとこども本人のニーズは必ずしも一致するものではないため、まずはこどものニーズを明確化していくことが求められる。また、こどものニーズは変化しやすいため、日頃から状況を適切に把握して対応していく必要がある。

○　アセスメントの実施に当たっては、全てのこどもが権利の主体であることを認識し、個人として尊重するとともに、意見を形成・表明する手助けをするなど、こども本人のニーズをしっかりと捉えられるように対応することが必要である。

（2）　児童発達支援計画の作成

○　障害児相談支援事業所等が作成した障害児支援利用計画や、自らの事業所でアセスメントした情報について、課題整理表等を用いて整理しながら、児童発達支援におけるニーズを具体化した上で、児童発達支援の具体的な内容を検討し、児童発達支援計画を作成する。

○　児童発達支援計画の作成に当たっては、将来に対する見通しを持った上で、障害種別や障害の特性、こどもの発達の段階を丁寧に把握し、それらに応じた関わり方を考えていくとともに、こどもや保護者の意思の尊重、こどもの最善の利益の優先考慮の観点を踏まえて作成することが必要である。

○　「最善の利益が優先して考慮」されるとは、「こどもにとって最も善いことは何か」を考慮することをいい、こどもの意見がその年齢及び発達の程度に応じて尊重すべきものと認められる場合であっても、別の考慮要素と比較衡量して合理的に判断した結果、こどもにとって最善とは

言い難いと認められる場合には、こどもの意見とは異なる結論が導かれることはあり得るものである。その際は、こどもに対し、適切に説明することが必要である。

○ 児童発達支援計画の作成に係る個別支援会議の開催に当たっては、こどもの支援に関わる職員を積極的に関与させることが必要である。オンラインの活用も可能とされており、また、予定が合わない等により個別支援会議を欠席する職員がいる場合は、個別支援会議の前後に情報共有を行ったり意見を求めたりすることも必要である。いずれにしても、こどもの支援に関わる様々な職員に意見を聴く機会を設けることが求められる。

また、こどもの意見を尊重し、こどもの最善の利益を考慮することが重要であることに鑑み、当該こどもの年齢や発達の程度に応じて、こども本人や保護者の意見を聴くことが求められる。そのため、例えば、会議の場にこどもと保護者を参加させることや、会議の開催前にこども本人や保護者に直接会って意見を聴くことなどが考えられる。

○ 児童発達支援計画には、「利用児と家族の生活に対する意向」、「総合的な支援の方針」、「長期目標」、「短期目標」、「支援の標準的な提供時間等」、「支援目標及び具体的な支援内容等」（「本人支援・家族支援・移行支援・地域支援・地域連携の項目」、「支援目標」、「支援内容（5領域との関連性を含む。）」、「達成時期」、「担当者・提供機関」、「留意事項」）を記載する。それぞれの記載項目については、こどもと家族の意向とアセスメントを踏まえて、つながりを持って作成していくことが必要であり、「利用児と家族の生活に対する意向」を踏まえて「総合的な支援の方針」を設定し、それを受けた「長期目標」と「短期目標」、それを達成するための「支援目標及び具体的な支援内容等」を設定することが必要である。児童発達支援計画の参考様式及び記載例については、別添1の「個別支援計画の記載のポイント」を参照すること。

○ 児童発達支援計画に、こども本人のニーズに応じた「支援目標」を設定し、それを達成するために、本ガイドラインの「児童発達支援の提供すべき支援」の「本人支援」、「家族支援」、「移行支援」及び「地域支援・地域連携」のねらい及び支援内容も踏まえながら、こどもの支援に必要な項目を適切に設定し、その上で、具体的な支援内容を設定する。

○ 「本人支援」においては、5領域の視点を網羅した支援（総合的な支援）を行うことが必要であり、支援を組み立てていくに当たっては、（1）のアセスメントにおいて、5領域の視点を持ちながら、こどもと家族の状況を多様な観点・情報から総合的・包括的に確認・分析してそのニーズや課題を捉え、そこから必要な支援を組み立てていくことが重要であり、単に5領域に対応する支援への当てはめを行うだけの児童発達支援計画の作成にならないよう留意することが必要である。

○ 「本人支援」における5領域との関連性については、5領域全てが関連付けられるよう記載することを基本とするが、相互に関連する部分や重なる部分もあると考えられるため、5領域それぞれで、一対一対応で、異なる支援目標や支援内容を設定する必要はない。ただし、5領域のうち相互に関連する部分や重なる部分を踏まえ、これらをまとめた上で支援目標や支援内容を設定した場合であっても、各領域との関連性についての記載は必ず行い、「本人支援」全体として5領域全てが関連付けられるようにする必要がある。

○ 「本人支援」においては、計画期間内に、特に重点的に取り組むものとそうではないものなど、支援内容の実施頻度に差がある場合も想定される。しかしながら、計画期間内における実施頻度が低いと見込まれる支援内容であっても、こどもの生活全般を通じて5領域との関連性が担保できるよう、5領域全てとの関連において必要な支援内容を記載することが必要である。

○ 「本人支援」において、5領域の視点を網羅した支援（総合的な支援）に加え、特定の領域に重点を置いた支援を行う場合についても、児童発達支援計画に記載することが必要である。

○ 「移行支援」については、地域社会への参加・包摂（インクルージョン）を推進する観点から、支援の中に「移行」という視点を取り入れ、保育所等の他のこども施策との併行利用や移行に向けた支援、同年代のこどもとの仲間づくり等の取組を記載する。

○ 「支援目標及び具体的な支援内容等」においては、児童発達支援の基本となる「本人支援」、「家族支援」及び「移行支援」について必ず記載することとする。「地域支援・地域連携」については必要に応じて記載することとするが、関係者が連携しながらこどもと家族を包括的に支援していく観点から、当該事項についても積極的に取り組むことが望ましい。

○ 支援内容については、「いつ」、「どこで」、「誰が」、「どのように」、「どのくらい」支援するかということが、児童発達支援計画において常に明確になっていることが必要である。

○ こどもや保護者に対し、「児童発達支援計画」を示しながら説明を行い、こどもや家族の支援として必要な内容になっているかについて同意を得ることが必要である。

○ 将来に対する見通しを持った上で、障害種別、障害の特性やこどもの発達の段階を丁寧に把握し、それらに応じた関わり方を考えていくことが必要である。

○ 支援手法については、個別活動と集団活動をそのこどもに応じて適宜組み合わせることが必要である。

○ 事業所等において作成した児童発達支援計画は、障害児相談支援事業所へ交付を行うことが必要である。

（3） タイムテーブルに沿った発達支援の実施

○ 事業所等における時間をどのようにして過ごすかについて、一人一人の児童発達支援計画を考慮し、一日の時間と活動プログラムを組み合わせたタイムテーブルを作成する。タイムテーブルは、こどもの生活リズムを大切にし、日常生活動作の習得や、こどもが見通しを持って自発的に活動ができるよう促されることが期待される。

○ 発達支援の時間は十分に確保されなければならず、送迎の都合で発達支援の時間が阻害されることのないようタイムテーブルを設定しなければならない。

○ 活動プログラムは、こどものニーズや状況、こどもの障害種別、障害の特性、発達の段階、生活状況等に応じて、その内容を組み立て、職員も交えながらチームで検討していくことが必要である。提供される活動プログラムを固定化することは、経験が限られてしまうことにもなるため、活動プログラムの組合せについて、創意工夫が求められる。活動プログラムの内容は、本ガイドラインの「児童発達支援の提供すべき支援」の内容等を十分に踏まえたものでなければならない。

○ 集団活動の場合は、対象となるこどもの年齢や障害の状態の幅の広さを考慮しながら、活動プログラムを作成する必要がある。こどもの年齢や発達上のニーズが異なることも多いことから、年齢別、障害種別又は発達上のニーズ

別に支援グループを分けることなどの工夫も必要である。

（4） 児童発達支援計画の実施状況の把握（モニタリング）

○　児童発達支援計画は、概ね6か月に1回以上モニタリングを行うことになっているが、こどもの状態や家庭状況等に変化があった場合には、6か月を待たずしてモニタリングを行う必要がある。モニタリングは、目標達成度を評価して支援の効果を測定していくためのものであり、単に達成しているか達成していないかを評価するものではなく、提供した支援の客観的評価を行い、児童発達支援計画の見直しの必要性を判断する。

○　障害児支援利用計画との整合性のある児童発達支援計画の作成と児童発達支援の実施が重要であることから、モニタリング時においても、障害児相談支援事業所と相互連携を図りながら、情報共有を行うことが重要である。

（5） モニタリングに基づく児童発達支援計画の見直し及び児童発達支援の終結

○　モニタリングにより、児童発達支援計画の見直しが必要であると判断された場合は、児童発達支援計画の積極的な見直しを行う。その際、支援目標の設定が高すぎたのか、支援内容が合っていなかったのか、別の課題が発生しているのか等の視点で、これまでの支援内容等を評価し、今後もその支援内容を維持するのか、変更するのかを判断していく。現在提供している児童発達支援の必要性が低くなった場合は、児童発達支援計画の支援目標の大幅な変更や児童発達支援の終結を検討する。

○　児童発達支援計画の支援目標の大幅な変更や児童発達支援の終結に当たっては、事業所等から家族や障害児相談支援事業所、保育所等の関係機関との連絡調整を実施し、障害児支援利用計画の変更等を促す。なお、保育所等に移行する場合など、他の機関・団体に支援を引き継ぐ場合には、これまでの児童発達支援の支援内容等について、適切に情報提供することが必要である。

第5章　関係機関との連携

　障害のあるこどもの発達支援は、こども本人を支援の輪の中心として考え、様々な関係者や関係機関が関与して行われる必要があり、これらの関係者や関係機関は連携を密にし、適切に情報を共有することにより、障害のあるこどもに対する理解を深めることが必要である。

　このため、事業所等は、日頃から、市町村の障害児支援担当部局、児童福祉担当部局、教育委員会、こども家庭センター、保健所・保健センター、病院・診療所、訪問看護ステーション、障害児相談支援事業所、保育所、認定こども園、幼稚園、小学校、特別支援学校（幼稚部及び小学部）、地域の子育て支援機関、児童委員や主任児童委員等の地域の関係機関や障害当事者団体を含む関係者、広域的に支援を行っている児童相談所、児童家庭支援センター、発達障害者支援センター、医療的ケア児支援センター、里親支援センター等の関係機関との連携を図り、児童発達支援が必要なこどもが、円滑に児童発達支援の利用に繋がるようにするとともに、その後も、こどもの支援が保育所等や学校等に適切に移行され、支援が引き継がれていくことが必要である。また、セルフプランにより複数の事業所等を利用するこどもについては、適切な障害児支援の利用の観点から、利用する全ての事業所間において、こどもの状態や支援状況の共有等を行うなど、特に連携を図ることが重要である。

　さらに、こども本人を中心に考える支援の輪の中において、事業所等に期待される役割を認識し、こどもに対し適切な支援を提供することが必要である。

　加えて、障害のあるこどもが健全に発達していくためには、地域社会とのふれあいが必要であり、そうした観点からは事業所等が地域社会から信頼を得ることが重要であるが、そのためには、地域社会に対して、児童発達支援に関する情報発信を積極的に行うなど、地域に開かれた事業運営を心がけることが求められる。

1．市町村との連携

○　支援の必要なこどもと家族を地域全体で支えていくためには、地域のニーズや資源等を把握し、地域全体の支援の体制整備を行う市町村と連携していくことが必要である。障害児支援担当部局、母子保健やこども・子育て支援、社会的養護等の児童福祉担当部局、教育委員会など、こどもと家族に関わる部局は様々であり、こどもと家族を中心として包括的に支援を行っていく観点からも、しっかりと連携体制を構築していくことが重要である。

○　こどもの発達支援の必要性は、新生児聴覚検査、乳幼児健康診査、市町村保健センター等の発達相談、保育所等の利用など様々な機会を通して気づかれるものであり、気づきの段階から継続的な支援を行うため、母子保健やこども・子育て支援等の関係者や関係機関と連携した支援が必要である。

2．医療機関等との連携

○　医療的ケアが必要なこどもや重症心身障害のあるこどもが医療機関（NICU等）から在宅生活に移行し、その後も在宅生活を継続していくために、地域の保健、医療、保育、教育等の関係機関と連携した支援が必要である。

○　こどもの事故やけが、健康状態の急変が生じた場合に備え、近隣の協力医療機関をあらかじめ定めておく必要がある。協力医療機関は、緊急時の対応が生じた場合に相談をすることが想定されることから、できるだけ近い場所であることや、事業所等の作成する緊急時の対応マニュアルを、事前に協力医療機関や保護者と共有しておくことが望ましい。特に、医療的ケアが必要なこどもや重症心身障害のあるこどもは、事前に協力医療機関を受診し、医師にこどもの状態について理解しておいてもらうことも必要である。

○　こどもが服薬をしている場合には、保護者と連携を図りながら、必要に応じて、こどもの主治医等と情報共有を行うことが重要である。

○　医療的ケアが必要なこどもを受け入れる場合は、こどもの状態や障害の特性に応じた適切な支援や必要な医療的ケアを提供するため、こどもの主治医等との連携体制を整えておくことに加え、医療的ケア児支援センターや医療的ケア児等コーディネーター等とのネットワークを構築しておくことが重要である。

○　人工内耳を装用しているこどもを受け入れる場合は、こどもの状態や障害の特性に応じた適切な支援を提供するため、こどもの主治医等との連携体制を整えておくことが重要である。

3．保育所や幼稚園等との連携

○　こどもが成長し、事業所等から地域の保育所や認定こども園、幼稚園、特別支援学校（幼稚部）等に移行する際には、保護者の同意を得た上で、児童発達支援計画と個別の指導計画や教育支援計画等を含め、こどもの発達支援の連

続性を図るため、こども本人の発達の状況や障害の特性、事業所等で行ってきた支援内容等について情報を共有しながら相互理解を図り、円滑に支援が引き継がれるようにするとともに、移行後のフォローアップを行うことが必要である。

また、この際は、引継ぎを中心とした会議において、障害児相談支援事業所と連携することが重要である。さらに、児童発達支援センターにおいては、保育所等の職員が障害のあるこどもへの対応に不安を抱える場合等に、保育所等訪問支援や地域障害児支援体制強化事業、障害児等療育支援事業等の積極的な活用を図ることにより、適切な支援を行っていくことが重要である。

○ こどもが事業所等と地域の保育所等の併行利用をしている場合は、当該保育所等と支援内容等を共有するなど連携して支援に当たるとともに、必要に応じて当該保育所等における障害のあるこどもへの支援をバックアップしていくことが重要である。

○ 加えて、保育所や認定こども園、幼稚園、特別支援学校（幼稚部）等との交流や、同年代の障害のないこどもと活動する機会の確保も必要である。あわせて、こどもの状態や、こどもや家族の希望に応じて、保育所等への併行利用や移行を行うことができるよう、日頃から、保育所等への理解を求めるための啓発活動を行うことが必要である。

4．他の児童発達支援センターや児童発達支援事業所等との連携

○ 様々なこどもや家族を地域で支えていくためには、地域の児童発達支援センターや児童発達支援事業所が、障害種別や障害の特性の理解、障害種別や障害の特性に応じた活動や支援方法、支援における成功事例や困難事例等について、合同で研修を行うことやそれぞれから助言をしあうことなどにより、連携を図りながら適切な支援を行っていく必要がある。

○ また、発達支援上の必要性により、複数の事業所等を併せて利用するこどもについては、こどもの状態像や必要な支援の見立てについて共通認識を持つとともに、支援内容を相互に理解しておくため、保護者の同意を得た上で、他の事業所との間で、こどもの日常生活動作の状況や留意事項、相互の支援内容や児童発達支援計画の内容等について情報共有を図ることが必要である。特にセルフプランの場合には、事業所間の連携及び情報共有を図っていくことが重要である。

○ 児童発達支援センターについては、地域における連携・ネットワーク構築の核として、自治体や地域の事業所と積極的に連携を図りながら、地域の事業所へのスーパーバイズやコンサルテーションの実施、研修や事例検討会の開催等を行うことも必要である。

○ また、障害の特性を踏まえて、発達障害者支援センター、医療的ケア児支援センター、医療機関等の専門性を有する専門機関や地域のセーフティーネット機能である障害児入所施設と連携し、助言や研修等を受けることや、特定の分野に強みを有する事業所と連携して支援を進めることも必要である。

5．学校や放課後等デイサービス事業所等との連携

○ 小学校や特別支援学校（小学部）に進学する際には、児童発達支援計画と個別の教育支援計画等を含め、こどもの発達支援の連続性を図るため、保護者の同意を得た上

で、こども本人の発達の状況や障害の特性、事業所等で行ってきた支援内容等について情報を共有しながら相互理解を図り、円滑に支援が引き継がれるようにすることが必要である。

○ 児童発達支援センターにおいては、小学校や特別支援学校（小学部）への保育所等訪問支援等の実施により、進学先において、こどもの支援が継続できるようにしていくことも必要である。

○ 放課後等デイサービスの利用を開始する場合についても、放課後等デイサービス計画の適切な作成や、こどもの発達支援の連続性を踏まえた円滑な支援の提供を進める観点から、学校の場合と同様に情報の共有が必要である。また、放課後等デイサービスの利用開始後も、より適切な発達支援を実施するために連携体制を継続し、必要な情報提供や助言を行うことが望ましい。なお、放課後児童クラブを利用する場合についても同様である。

○ こうした支援の移行の際は、引継ぎを中心とした会議において、障害児相談支援事業所と連携することが重要である。

6．こども家庭センターや児童相談所との連携

○ 特に支援を要する家庭（不適切な養育や虐待の疑い等）のこどもに対して支援を行うに当たっては、日頃から、こどもの心身の状態、家庭での養育の状況等についての把握に努めるとともに、障害児施策だけで完結するのではなく、障害福祉施策、母子保健施策、子ども・子育て支援施策、社会的養護施策等の関係機関と連携し、課題に対応していく視点が必要である。

○ 虐待が疑われる場合には、速やかに事業所等内で情報共有を行うとともに、市町村が設置する要保護児童対策地域協議会等を活用しながら、児童相談所やこども家庭センター、児童家庭支援センター、市町村の児童虐待防止窓口、保健所等の関係機関と連携して対応を図る必要がある。

○ こども家庭センターによる支援が必要な場合や既に支援が行われている場合には、こどもや家族への支援が切れ目なく包括的に行われるよう、こども家庭センターと連携を図っていくことが必要である。

○ 事業所等を利用するこどものきょうだいが、家族の介護その他の日常生活上の世話を過度に行っている状況にあるなど、ヤングケアラーであると疑われる場合においても、速やかに事業所等内で情報共有を行うとともに、こども家庭センターをはじめとした関係機関と連携して、その家庭が必要とする支援につなげていくことが重要である。そのためには、各自治体のヤングケアラー担当部署等が実施する関係機関職員研修への参加等により、ヤングケアラーについて正しい理解を持つ必要がある。

7．（自立支援）協議会等への参加や地域との連携

○ 事業所等は、（自立支援）協議会こども部会や地域の子ども・子育て会議、要保護児童対策地域協議会等へ積極的に参加すること等により、関係機関・団体等と連携して、地域支援体制を構築していく必要がある。

○ 日頃から地域の行事や活動に参加できる環境をつくるため、自治会や地域の会合に参加することや、地域のボランティア組織と連絡を密にすること等の対応が必要である。また、地域住民との交流活動や地域住民も参加できる行事の開催など、地域との関わりの機会を確保することも重要である。

第6章　児童発達支援の提供体制

1．定員

設置者・管理者は、設備、職員等の状況を総合的に勘案し、適切な支援の環境と内容を確保するとともに、障害のあるこどもの情緒面への配慮や安全性の確保の観点から、適切な利用定員を定めることが必要である。

2．職員配置及び職員の役割

（1）適切な職員配置

○ 児童発達支援センターにおいては、管理者、嘱託医、児童発達支援管理責任者、児童指導員及び保育士、機能訓練担当職員（機能訓練を行う場合）、看護職員（医療的ケアを行う場合）の配置が必須である。また、幅広い発達段階や多様な障害の特性に応じた児童発達支援を提供するためには、保育士、児童指導員、理学療法士、作業療法士、言語聴覚士、心理担当職員、看護職員を配置するなど、多職種連携によるチームアプローチが可能な支援体制を整えることが望ましい。

○ 児童発達支援事業所においては、管理者、児童発達支援管理責任者、児童指導員又は保育士、機能訓練担当職員（機能訓練を行う場合）、看護職員（医療的ケアを行う場合）の配置が必須であり、主に重症心身障害のあるこどもに対して児童発達支援を行う場合は、管理者、児童発達支援管理責任者、児童指導員又は保育士に加え、嘱託医、看護師、機能訓練担当職員の配置を行い、医療的ケア等の体制を整える必要がある。

○ 常時見守りが必要なこどもや医療的ケアが必要なこども、重症心身障害のあるこども等への支援のために、児童指導員又は保育士、看護師について、人員配置基準を上回って配置することも考慮する必要がある。

○ 児童発達支援管理責任者が個々のこどもについて作成する児童発達支援計画に基づき、適切な知識と技術をもって活動等が行われるよう、支援に当たる職員を統括する指導的役割の職員の配置など、支援の質の確保の観点から、適切な職員配置に留意する必要がある。

（2）設置者・管理者の責務

○ 設置者・管理者は、事業所等の役割や社会的責任を遂行するために、法令等を遵守し、設置者・管理者としての専門性等の向上を図るとともに、児童発達支援の質及び職員の資質向上のために必要な環境の確保を図らなければならない。

○ 設置者・管理者は、事業所等が適切な支援を安定的に提供することにより、障害のあるこどもの発達に貢献するとともに、こどもや家族の満足感、安心感を高めるために、組織運営管理を適切に行わなければならない。

○ 設置者・管理者は、職員一人一人の倫理観及び人間性を把握し、職員としての適性を的確に判断するとともに、職員がキャリアパスに応じた研修等に参加することができるよう職員の勤務体制等を工夫し、職員一人一人の資質及び専門性の向上の促進を図らなければならない。

○ 設置者・管理者は、質の高い支援を確保する観点から、職員が心身ともに健康で意欲的に支援を提供できるよう、労働環境の整備を図る必要がある。

（3）設置者・管理者による組織運営管理

設置者・管理者は、事業所の運営方針や支援プログラム、児童発達支援計画、日々の活動に関するタイムテーブルや活動プログラムについて、児童発達支援管理責任者及び職員の積極的な関与のもとでPDCAサイクルを繰り返し、事業所が一体となって不断に支援の質の向上を図ることが重要である。

また、設置者・管理者は、PDCAサイクルを繰り返すことによって、継続的に事業運営を改善する意識を持って、児童発達支援管理責任者及び職員の管理及び事業の実施状況の把握その他の管理を行わなければならない。

①運営規程の設定・見直しと職員への徹底

○ 設置者・管理者は、事業所ごとに、運営規程を定めておくとともに、児童発達支援管理責任者及び職員に運営規程を遵守させなければならない。運営規程には以下の重要事項を必ず定めておく必要がある。

> 【運営規程の重要事項】
> ・事業の目的及び運営の方針
> ・従業者の職種、職員数及び職務の内容
> ・営業日及び営業時間
> ・利用定員
> ・児童発達支援の内容並びに保護者から受領する費用の種類及びその額
> ・通常の事業の実施地域
> ・支援の利用に当たっての留意事項
> ・緊急時等における対応方法
> ・非常災害対策
> ・事業の主たる対象とする障害の種類を定めた場合には当該障害の種類
> ・虐待の防止のための措置に関する事項
> ・その他運営に関する重要事項

○ 事業の目的及び運営方針は、本ガイドラインに記載されている児童発達支援の役割や児童発達支援の提供すべき内容、地域でのこどもや家族の置かれた状況、児童発達支援が公費により運営される事業であること等を踏まえ、適切に設定する。

○ 事業の目的及び運営方針の設定や見直しに当たっては、児童発達支援管理責任者及び職員が積極的に関与できるように配慮する。

○ 児童発達支援管理責任者及び職員の採用に当たっては、事業所の目的及び運営方針をはじめとした運営規程の内容を丁寧に説明するとともに、採用後も様々な機会を通じて繰り返しその徹底を図ることが重要である。

②複数のサイクル（年・月等）での目標設定と振り返り

○ PDCAサイクルにより不断に業務改善を進めるためには、児童発達支援管理責任者及び職員が参画して、複数のサイクル（年間のほか月間等）で事業所等としての業務改善の目標設定とその振り返りを行うことが必要である。

③自己評価の実施・公表・活用

○ 運営基準において定められている自己評価については、別添2の「障害児通所支援事業所における事業所全体の自己評価の流れ」を参考に、以下の項目について、「従業者向け児童発達支援評価表」（別紙1）を活用した事業所等の職員による事業所の支援の評価（以下「従業者評価」という。）及び「保護者向け児童発達支援評価表」（別紙2）を活用した保護者による事業所評価（以下「保護者評価」）を踏まえ、全職員による共通理解の下で、事業所全体として行う必要がある。

【評価項目】
・こども及び保護者の意向、こどもの適性、障害の特性その他の事情を踏まえた支援を提供するための体制の整備の状況
・従業者の勤務の体制及び資質の向上のための取組の状況
・設備及び備品等の状況
・関係機関及び地域との連携、交流等の取組の状況
・こども及び保護者に対する必要な情報の提供、助言その他の援助の実施状況
・緊急時等における対応方法及び非常災害対策
・業務の改善を図るための措置の実施状況

○　事業所等は、従業者評価及び保護者評価を踏まえた事業所全体としての自己評価の結果、さらに強化・充実を図るべき点（事業所等の強み）や、課題や改善すべき点（事業所等の弱み）を職員全員の共通理解の下で分析し、課題や改善すべき点と考えられる事項について、速やかにその改善を図る必要がある。

○　事業所等の自己評価の結果及び保護者評価の結果並びにこれらの評価を受けて行った改善の内容については、「事業所における自己評価総括表（公表）」（別紙３）及び「保護者からの事業所評価の集計結果（公表）」（別紙４）を含む「事業所における自己評価結果（公表）」（別紙５）を用いて、概ね１年に１回以上、保護者に示すとともに、広く地域に向けて、インターネットのホームページや会報等で公表しなければならない。保護者に示す方法としては、園だよりなど事業所等で発行している通信に掲載したり、こどもの送迎時などの際に保護者の目につきやすい場所に掲示したりする方法が考えられる。

○　事業所等は、自己評価の結果及び保護者評価の結果並びにこれらの評価を受けて明らかになった事業所等の強みや弱みを踏まえ、全職員が一体となって、日々の支援の中で、さらなる支援の充実や改善に向けて取組を進めていく必要がある。

○　また、この事業所等による自己評価のほか、可能な限り、第三者による外部評価を導入して、事業運営の一層の改善を図ることが必要である。

④支援プログラムの作成・公表

○　総合的な支援の推進と事業所等が提供する支援の見える化を図るため、５領域（「健康・生活」、「運動・感覚」、「認知・行動」、「言語・コミュニケーション」、「人間関係・社会性」）との関連性を明確にした事業所等における支援の実施に関する計画（支援プログラム）を作成する必要がある。支援プログラムの作成に当たっては、別添３の「児童発達支援等における支援プログラムの作成及び公表の手引き」を参考にすること。

○　作成された支援プログラムについては、事業所等の職員に対し理解を促し、これに基づき適切な支援の提供を進めていくとともに、利用者や保護者等に向けて、重要事項説明書や個別支援計画等の説明時に併せて丁寧に説明し、インターネットのホームページや会報等で公表していくことが求められる。支援プログラムの公表については、令和６年度中は努力義務とされているが、総合的な支援の推進と支援の見える化を進める観点から、取組を進めることが望ましい。なお、支援プログラムの内容に変更があった場合は、速やかに変更後の支援プログラムを公表することが望ましい。

⑤都道府県等への事業所等の情報の報告

○　こどもの個々のニーズに応じた質の高い支援の選択や、

事業所等が提供する支援の質の向上に資することを目的として、障害福祉サービス等情報公表制度の仕組みがあり、事業所等は、都道府県等に対し、事業所等の情報（所在地や従業員数、営業時間や支援内容等）を報告する必要がある。

⑥職場内のコミュニケーションの活性化等

○　ＰＤＣＡサイクルによる業務改善が適切に効果を上げるには、現状の適切な認識・把握と、事業所等における職員間の意思の疎通・情報共有が重要である。

○　支援の提供に関する日々の記録については、支援の質の向上の観点から、児童発達支援管理責任者が把握する以外に、職員同士で情報共有を図ることも有用である。職場での何でも言える雰囲気作りや職員同士のコミュニケーションの活性化も設置者・管理者の重要な役割である。

○　設置者・管理者は、児童発達支援計画の作成・モニタリング・変更の結果について、児童発達支援管理責任者から報告を受けるなど、児童発達支援管理責任者や職員の業務の管理及び必要な指揮命令を行う。

○　支援内容の共有や職員同士のコミュニケーションの活性化が、事業所内における虐待の防止や保護者による虐待の早期発見に繋がるものであることも認識しておくとともに、設置者・管理者も、職員による適切な支援が提供されているか、日々把握しておく必要がある。

⑦こどもや保護者の意向等の把握・活用

○　ＰＤＣＡサイクルによる業務改善を進める上では、事業所等による従業者評価及び保護者評価を踏まえた自己評価だけでなく、アンケート調査等を実施して、支援を利用するこどもや保護者の意向や満足度を把握することも重要である。

○　特に、こどもや保護者の意向等を踏まえて行うこととした業務改善の取組については、こども及び保護者に周知していくことが必要である。

⑧支援の継続性

○　児童発達支援は、こどもや家族への支援の継続性の観点から、継続的・安定的に運営することが必要である。やむを得ず事業を廃止し又は休止しようとする時は、その一月前までに都道府県知事等に届け出なければならない。この場合、こどもや保護者に事業の廃止又は休止しようとする理由を丁寧に説明するとともに、他の事業所等を紹介するなど、こどもや家族への影響が最小限に抑えられるように対応することが必要である。

3．施設及び設備

○　事業所等は、児童発達支援を提供するための設備及び備品を適切に備えた場所である必要がある。設置者・管理者は、様々な障害のあるこどもが安全に安心して過ごすことができるようバリアフリー化や情報伝達への配慮等、個々のこどもの障害の特性に応じた工夫が必要である。

○　児童発達支援事業所の発達支援室については、床面積の基準は定められていないが、児童発達支援センターの場合は、こども一人当たり２．４７㎡の床面積が求められていることを参考としつつ、適切なスペースの確保に努めることが必要である。

○　こどもが生活する空間については、発達支援室のほか、おやつや昼食がとれる空間、静かな遊びのできる空間、雨天等に遊びができる空間、こどもが体調の悪い時等に休息できる静養空間、年齢に応じて更衣のできる空間等を工夫して確保することが必要である。

　また、遊具や室内のレイアウト・装飾にも心を配り、こどもが心地よく過ごせるように工夫することが必要である。

付録

児童発達支援ガイドライン

○　屋外遊びを豊かにするため、屋外遊技場の設置や、近隣の児童遊園・公園等を有効に活用することが必要である。

○　備品については、障害種別、障害の特性及び発達状況に応じて備えることが必要である。

4．衛生管理、安全管理対策等

設置者・管理者は、障害のあるこどもや保護者が安心して事業所等の支援を受け続けられるようにするため、こどもの健康状態の急変や感染症の発生、非常災害や犯罪、事故の発生などに対応するマニュアルの策定やその発生を想定した訓練、関係機関・団体との連携等により、事業所等を運営する中で想定される様々なリスクに対し、日頃から十分に備えることが必要である。

重大事故が発生しやすい場面ごとの注意事項や、事故が発生した場合の具体的な対応方法等については、追って示す「障害児支援の安全管理に関するガイドライン」や、「教育・保育施設等における事故防止及び事故発生時の対応のためのガイドライン」を参照すること。

（1）　衛生管理・健康管理

設置者・管理者は、感染症の予防や健康維持のために、職員に対し常に清潔を心がけさせ、手洗い、手指消毒の励行、換気等の衛生管理を徹底することが必要である。事業所等における感染症対策については、「障害福祉サービス施設・事業所職員のための感染対策マニュアル」を参考にすること。

①感染症及び食中毒

○　設置者・管理者は、運営基準により、事業所等における感染症や食中毒の予防・まん延の防止のため、対策を検討する委員会の定期的な開催や、指針の整備、研修や訓練の定期的な実施が求められている。これらの実施に当たっては、「障害福祉サービス事業所等における感染対策指針作成の手引き」を参考にすること。

○　設置者・管理者は、感染症の発生状況について情報を収集し、予防に努める必要がある。感染症の発生や疑いがある場合は、必要に応じて、市町村、保健所等に連絡をし、必要な措置を講じて二次感染を防ぐことが重要である。

○　設置者・管理者は、活動や行事等で食品を提供する場合は、衛生管理を徹底し、食中毒の発生を防止する必要がある。

○　設置者・管理者は、市町村や保健所等との連携のもと、感染症又は食中毒が発生した場合の対応や、排泄物又は嘔吐物等に関する処理方法についての対応マニュアルを策定し、職員に周知徹底を図るとともに、マニュアルに沿って対応できるようにすることが必要である。

○　設置者・管理者は、こどもの健康状態の把握及び感染症発生の早期発見のために、こどもの来所時の健康チェック及び保護者との情報共有の体制を構築しておくことが必要である。また、感染症の発生動向に注意を払い、インフルエンザやノロウイルス等の感染症の流行時には、こどもの来所時の健康チェック及び保護者との情報共有体制を強化する必要がある。さらに、新型コロナウイルスやインフルエンザ、ノロウイルス等の感染症により集団感染の恐れがある場合は、こどもの安全確保のために、状況に応じて休所とする等の適切な対応を行うとともに、保護者や関係機関・団体との連絡体制を構築しておく必要がある。

○　また、感染症が発生した場合であっても、重要な事業を継続又は早期に業務再開を図るため、事業継続計画（ＢＣＰ）を策定するとともに、ＢＣＰに従い、職員に対して必要な研修及び訓練（シミュレーション）を実施することが必要である。特に、新興感染症の場合は、インフルエンザやノロウイルス等の感染症と異なる対応も想定されることを念頭に置きながら、ＢＣＰの策定や研修及び訓練（シミュレーション）を実施することが必要である。ＢＣＰの策定に当たっては、「障害福祉サービス事業所等における新型コロナウイルス感染症発生時の業務継続ガイドライン」を参考にすること。

②アレルギー対策

○　設置者・管理者は、食物アレルギーのあるこどもについて、医師の指示書に基づき、食事やおやつを提供する際に、除去食や制限食で対応できる体制を整えるとともに、保護者と協力して適切な配慮に努めることが必要である。

○　設置者・管理者は、事業所等で飲食を伴う活動を実施する際は、事前に提供する内容について具体的に示した上で周知を行い、誤飲事故や食物アレルギーの発生予防に努める必要がある。特に、食物アレルギーについては、こどもの命に関わる重大な事故を引き起こす可能性もあるため、危機管理の一環として対応する必要がある。そのため、保護者と留意事項や緊急時の対応等（「エピペン®」の使用や消防署への緊急時登録の有無等）についてよく相談し、職員全員が同様の注意や配慮ができるようにしておくことが重要である。

③その他

○　職員は、事前に、服薬や予防接種、てんかん発作等のこどもの状況を確認しておくとともに、こどもの健康管理に必要となる器械・器具の管理等を適正に行う必要がある。

○　設置者・管理者は、重症心身障害のあるこどもなど、全身性障害があるこどもについては、常に骨折が起こりやすいことを念頭におき、適切な介助が行える体制を整えるとともに、誤嚥性肺炎を起こさないよう、摂食時の姿勢や車椅子の角度等の調整、本人の咀嚼・嚥下機能に応じた適切な食事の介助を計画的・組織的に行えるようにすることが必要である。

（2）　非常災害対策・防犯対策

○　設置者・管理者は、運営基準により、非常災害に備えて消火設備等の必要な設備を設けるとともに、非常災害に関する具体的計画を立て、非常災害時の避難方法や、関係機関・団体への通報及び連絡体制を明確にし、それらを定期的に職員や保護者に周知することが求められている。また、設置者・管理者や職員は、こどもの障害種別や障害の特性に応じた災害時対応について、日頃から理解しておくことが重要である。なお、聴こえない又は聴こえにくいこどもや職員、保護者がいる場合は、併せて、視覚で分かる緊急サイレンや合図など、事前に準備しておくことが必要である。

○　設置者・管理者は、運営基準により、非常災害に備え、定期的に避難、救出その他必要な訓練を行わなければならない。訓練を行うに当たっては、地震や火事、風水害など非常災害の内容を明確にした上で、それぞれの災害に対する訓練を行うことが重要である。

○　設置者・管理者は、重大な災害の発生や台風の接近等により危険が見込まれる場合には、こどもの安全確保のために、状況に応じて事業所等を休所とする等の適切な対応を行う必要がある。このため、保護者と連絡体制や引き渡し方法等を確認しておくとともに、市町村の支援の下、保育所等の関係機関・団体との連絡体制を構築し

ておく必要がある。また、地震や風水害等の緊急事態に対して、重要な事業を継続又は早期に業務再開を図るための事業継続計画（ＢＣＰ）を策定するとともに、ＢＣＰに従い、職員に対して必要な研修及び訓練（シミュレーション）を実施することが必要である。ＢＣＰの策定に当たっては、「障害福祉サービス事業所等における自然災害発生時の業務継続ガイドライン」を参考にすること。

○　障害のあるこどもについては、個別避難計画の作成が市町村の努力義務とされており、その作成に当たっては、こどもの状況等をよく把握する福祉専門職等の関係者の参画が極めて重要であるとされていることから、保護者のほか、相談支援事業所や主治医の参画が想定されるため、当該相談支援事業所等との間で、災害発生時の対応について綿密に意思疎通を図っておくことが重要であり、設置者・管理者は、職員に徹底する必要がある。

○　医療的ケアが必要なこどもに関する災害時の対応については、事業所の周辺環境から災害リスクを想定し、医療的ケアの内容やこどもの特性に応じて適切な災害対応を検討する必要があり、対応の検討に当たっては、「保育所における医療的ケア児の災害時対応ガイドライン」も参考にすること。

○　設置者・管理者は、外部からの不審者の侵入を含め、こどもが犯罪に巻き込まれないよう、事業所として防犯マニュアルの策定や、地域の関係機関・団体等と連携しての見守り活動、こども自身が自らの安全を確保できるような学びの機会など、防犯対策としての取組を行う必要がある。

（3）　緊急時対応
○　職員は、こどもの事故やケガ、健康状態の急変が生じた場合は、速やかに保護者、協力医療機関及び主治医に連絡を行う等の必要な措置を講じなければならない。

○　設置者・管理者は、緊急時における対応方法についてのマニュアルを策定するとともに、職員が緊急時における対応方針について理解し、予め設定された役割を果たすことができるように訓練しておく必要がある。
　　また、設置者・管理者は、例えば、てんかんのあるこどもが急な発作を起こした場合に速やかに対応できるよう、個々のこどもの状況に応じて、緊急時の対応方法や搬送先等について個別のマニュアルを策定し、職員間で共有することも必要である。

○　職員は、医療的ケアを必要とするこども等の支援に当たっては、窒息や気管出血等、生命に関わる事態への対応を学び、実践できるようにしておく必要がある。

○　職員は、こどものケガや病気の応急処置の方法について、日頃から研修や訓練に参加し、救急対応（心肺蘇生法、気道内異物除去、ＡＥＤ（自動体外式除細動器）、「エピペン®」等の使用）に関する知識と技術の習得に努めることが必要である。また、緊急時の応急処置に必要な物品についても常備しておくことが重要であり、設置者・管理者は、ＡＥＤを設置することが望ましい。

（4）　安全管理対策
○　設置者・管理者は、運営基準により、設備の安全点検、職員やこども等に対する事業所外での活動・取組等を含めた事業所等での生活における安全に関する指導、職員の研修及び訓練その他の安全に関する事項について、安全計画を策定するとともに、職員に周知し、安全計画に従って研修及び訓練を定期的に行うことが求められている。また、保護者との連携が図られるよう、保護者に対して安全計画

に基づく取組の内容を周知することも必要である。

○　設置者・管理者は、支援の提供中に起きる事故やケガを防止するために、安全計画の内容も踏まえ、事業所内や屋外の環境の安全性について、チェックリストを用いて点検するとともに、活動や事業所等の実情に応じ、リスクの高い場面（例えば、食事、プール、移動、送迎、屋外活動などの場面）において職員が気を付けるべき点や役割等を明確にした安全管理マニュアルを作成することが重要である。作成後は、これらに基づき、毎日点検し、必要な補修等を行い、危険を排除することが必要である。
　　また、職員は、衝動的に建物から出てしまうこども等もいるため、こどもの特性を理解した上で、必要な安全の確保を行うことが必要である。

○　活動場面によって注意すべき事項が異なるため、職員は、活動場所や内容等に留意した事故の発生防止に取り組むことが必要である。例えば、送迎、睡眠中、プール活動・水遊び中、食事・おやつ中など、それぞれの場面に応じて具体的な注意喚起を促す必要がある。

○　設置者・管理者は、運営基準により、事故が発生した場合は、速やかに都道府県、市町村、家族等に連絡を行うとともに、必要な措置を講じることが求められている。設置者・管理者は、指定権者である都道府県、支給決定の実施主体である市町村及び事業所等の所在する市町村が、どのような事故の場合に報告を求めているかや、事故が発生した場合にどのような方法により報告を求めているかについて、必ず都道府県や市町村のホームページ等で確認し、適切な対応を行う必要がある。なお、事故の種類を問わず、家族には、事故が発生した場合は必ず連絡を行い、こども本人や家族の気持ちを考え、誠意ある対応を行う必要がある。事業所等においては、こうしたことを踏まえ、事故発生直後の初期対応の手順の明確化や、必要となる連絡先リストの作成等を行うことが必要となる。

○　設置者・管理者は、発生した事故事例の検証や、事故につながりそうなヒヤリ・ハット事例の情報を収集し、検証を行う機会を設けるとともに、事故原因の共有と再発防止の取組について、全ての職員に共有することが必要である。

○　設置者・管理者は、運営基準により、送迎や事業所外での活動のために自動車を運行する場合は、こどもの乗降時の際に点呼を行うなど、こどもの所在を確実に把握することができる方法により所在を確認するとともに、自動車にブザー等の安全装置を装備することが求められている。

○　医療的ケアを必要とするこどもについては、人工呼吸器や痰の吸引機等の医療機器の電源の確保やバッテリー切れの防止、酸素ボンベや酸素チューブ、気管チューブ等の安全管理、アラームへの即時対応などに常に留意する必要がある。また、職員の見守り等により、こども同士の接触によるチューブの抜去などの事故の防止にも取り組む必要がある。

5.　適切な支援の提供
○　設置者・管理者は、設備や職員等の状況を総合的に勘案し、適切な支援の環境と内容が確保されるよう、障害のあるこどもの情緒面への配慮や安全性の確保の観点から、利用定員の規模や、室内のレイアウトや装飾等に心を配り、必要に応じて改善を図ることが必要である。

○　職員は、支援プログラムや児童発達支援の提供すべき支援の内容等について理解するとともに、児童発達支援計画に沿って、それぞれのこどもの障害種別、障害の特性、

発達の段階、生活状況に細やかに配慮しながら支援を行うことが必要である。

○ 職員は常に意思の疎通を図り、円滑なコミュニケーションが取れるようにすることが必要である。

○ 支援開始前には職員間で必ず打合せを実施し、その日行われる支援の内容や役割分担について把握することが必要である。

○ 支援終了後に職員間で打合せを実施し、その日の支援の振り返りをし、こどもや家族との関わりで気づいた点や、気になった点について職員間で共有することも重要である。

○ 職員は、その日行った支援の手順、内容、こどもの反応や気づきについて、記録をとらなければならない。また、日々の支援が支援目標や児童発達支援計画に沿って行われているか、記録に基づいて検証し、支援の改善や自らのスキルアップに繋げていく必要がある。

○ なお、事業所等に通所しているこどもと保育所等に通園しているこどもが、一日の活動の中で一緒に過ごす時間を持ち、それぞれの職員が混合して支援を行うなど、一体的な支援を提供する場合は、障害のあるこどもの支援に支障がないように留意しながら取組を進める必要がある。詳細は、「保育所等におけるインクルーシブ保育に関する留意事項等について」（令和4年12月26日事務連絡）を参照すること。

６．保護者との関わり

職員は、こどもや保護者の満足感、安心感を高めるために、提供する支援の内容を保護者とともに考える姿勢を持ち、こどもや保護者に対する丁寧な説明を常に心がけ、こどもや保護者の気持ちに寄り添えるように積極的なコミュニケーションを図る必要がある。

（１）　保護者との連携

○ 職員は、日頃からこどもの状況を保護者と伝え合い、こどもの発達の状況や発達上のニーズについて共通理解を持つことが重要である。このため、医療的ケアや介助の方法、適切な姿勢、気になること等について、連絡ノート等を通じて保護者と共有することが必要である。また、保護者の希望やニーズに応じて、こどもの行動変容を目的として、保護者がこどもの障害の特性やその特性を踏まえたこどもへの関わり方を学ぶペアレント・トレーニング等を活用しながら、共にこどもの育ちを支えられるよう支援したり、環境整備等の支援を行ったりすることが必要である。

○ 設置者・管理者は、送迎時の対応について、事前に保護者と調整しておくことが必要である。また、事業所等内でのトラブルやこどもの病気・事故の際の連絡体制について、事前に保護者と調整し、その内容について職員間で周知徹底しておく必要がある。

○ 設置者・管理者は、職員が行う保護者への連絡や支援について、随時報告を受けることや記録の確認等により、把握・管理することが必要である。

（２）　こどもや保護者に対する説明等

職員は、こどもや保護者が児童発達支援を適切かつ円滑に利用できるよう、適切な説明を十分に行うとともに、必要な支援を行う責務がある。

①運営規程の周知

○ 設置者・管理者は、運営規程について、事業所内の見やすい場所に掲示する等により、その周知を図る必要が

ある。

②こどもや保護者に対する運営規程や支援プログラム、児童発達支援計画の内容についての丁寧な説明

○ 設置者・管理者は、こどもや保護者に対し、利用申込時において、運営規程や支援プログラム、支援の内容を理解しやすいように説明を行う必要がある。特に、支援の内容、人員体制（資格等）、利用者負担、苦情解決の手順、緊急時の連絡体制等の重要事項については文書化の上、対面で説明する。

○ 児童発達支援管理責任者は、児童発達支援計画の内容について、その作成時、変更時にこどもと保護者に対して丁寧に説明を行う必要がある。

○ 聴こえない又は聴こえにくいこどもや保護者の場合には、これらの説明に際して、どのような方法による説明を希望するか確認の上、丁寧に対応することが求められる。

③家族に対する相談援助等

○ 職員は、家族が相談しやすいような関係性や雰囲気をつくっていくことが必要である。そのためには、日頃から家族と意思疎通を図りながら、信頼関係を構築していくことが重要である。

○ 職員は、家族が悩みなどを自分だけで抱え込まないように、家族からの相談に適切に応じ、信頼関係を築きながら、家族の困惑や将来の不安を受け止め、専門的な助言を行うことも必要である。例えば、定期的な面談や訪問相談等を通じて、子育ての悩み等に関する相談援助を行ったり、こどもの障害特性についての理解が促されるような支援を行ったりすることが必要である。

○ 職員は、父母の会の活動を支援したり、保護者会等を開催したりすることにより、保護者同士が交流して理解を深め、保護者同士のつながりを密にして、安心して子育てを行っていけるような支援を行うことが必要である。また、「家族支援」は、対象を保護者に限った支援ではなく、きょうだいや祖父母等への支援も含まれる。特にきょうだいは、心的負担等から精神的な問題を抱える場合も少なくないため、例えば、きょうだい向けのイベントを開催する等の対応を行っていくことも必要である。

○ 設置者・管理者は、職員に対して、定期的な面談や家族に対する相談援助を通じた「家族支援」について、その適切な実施を促すとともに、随時報告を受けることや記録の確認等により、把握・管理する必要がある。

④苦情解決対応

○ 設置者・管理者は、児童発達支援に関するこどもや家族からの苦情（虐待に関する相談を含む。）について、迅速かつ適切に対応するために、苦情を受け付けるための窓口や苦情受付担当者、苦情解決責任者、第三者委員の設置、解決に向けた手順の整理等、迅速かつ適切に解決が図られる仕組みを構築することが必要である。

○ 設置者・管理者は、苦情受付窓口について、こどもや家族に周知するとともに、第三者委員を設置している場合には、その存在についても、こどもや家族に周知する必要がある。

○ 設置者・管理者は、苦情解決責任者として、迅速かつ適切に対応する必要がある。

○ 苦情が発生した場合の迅速かつ適切な対応は重要であるが、苦情につながる前にリスクマネジメントをすることで防ぐことが可能な苦情もあることから、苦情になる前のリスクマネジメントを行うことも重要である。

○ 暴行、脅迫、ひどい暴言、不当な要求等の著しい迷惑行為（カスタマーハラスメント）等についても、その対策について検討することが必要である。

⑤ 適切な情報提供

○　事業所等は、定期的に通信等を発行し、活動概要や行事予定、連絡体制等の情報をこどもや家族に対して発信することが必要である。

○　こどもや家族に対する情報提供に当たっては、視覚障害や聴覚障害等の障害種別に応じて、手話等による情報伝達を行うなど丁寧な配慮が必要である。

7．地域に開かれた事業運営

○　設置者・管理者は、地域住民の事業所等に対する理解の増進や地域のこどもとしての温かい見守り、地域住民との交流活動の円滑な実施等の観点から、ホームページや会報等を通じて、事業所等の活動の情報を積極的に発信することや、事業所等の行事に地域住民を招待することなど、地域に開かれた事業運営を図ることが必要である。

○　実習生やボランティアの受入れは、事業所等と実習生やボランティア双方にとって有益であり、設置者・管理者は、積極的に対応することが望ましい。ただし、実習生やボランティアの受入れに当たっては、事故が起きないよう適切な指導を行う等の対応が必要である。また、実習生やボランティアが、事業所等の理念や支援の内容、障害のあるこどもに対する支援上の注意事項等をしっかりと理解し、適切に対応できるよう、丁寧に説明することが必要である。

8．秘密保持等

○　設置者・管理者は、職員等（実習生やボランティアを含む。以下同じ。）であった者が、その業務上知り得た秘密を漏らすことがないよう、誓約書の提出や雇用契約に明記するなど、必要な措置を講じなければならない。

○　職員は、関係機関・団体にこどもや家族に関する情報を提供する際は、あらかじめ文書により保護者等の同意を得ておかなければならない。また、ホームページや会報等にこども又は家族の写真や氏名を掲載する際には、保護者等の許諾を得ることが必要である。

○　職員等は、その職を辞した後も含めて、正当な理由がなく業務上知り得た秘密を漏らしてはならない。

9．職場倫理

○　職員は、倫理規範を尊重し、常に意識し、遵守することが求められる。また、支援内容の質の向上に努めなければならない。これは、児童発達支援で活動する実習生やボランティアにも求められることである。

○　職員に求められる倫理として、次のようなことが考えられる。

> ・こどもの人権尊重と権利擁護、こどもの個人差への配慮に関すること。
> ・性別、国籍、信条又は社会的な身分による差別的な取扱の禁止に関すること。
> ・こどもに身体的・精神的苦痛を与える行為の禁止に関すること。
> ・個人情報の取扱いとプライバシーの保護に関すること。
> ・こどもや家族、地域住民への誠意ある対応と信頼関係の構築に関すること。

○　職員は、こどもに直接関わる大人として身だしなみに留意することが求められる。

第7章　支援の質の向上と権利擁護

1．支援の質の向上への取組

児童福祉法第21条の5の18第2項の規定により、事業者は、その提供する障害児通所支援の質の評価を行うことその他の措置を講ずることにより、障害児通所支援の質の向上に努めなければならない。そのためには、設置者・管理者は、自己評価の実施と評価結果に基づく改善を行うとともに、「第三者評価共通基準ガイドライン（障害者・児福祉サービス解説版）」等により、第三者による外部評価を活用することも有効である。

また、適切な支援を安定的に提供するとともに、支援の質を向上させるためには、支援に関わる人材の知識・技術を高めることが必要であり、そのためには、設置者・管理者は、様々な研修の機会を確保するとともに、知識・技術の習得意欲を喚起することが重要である。

さらに、職員が事業所等における課題について共通理解を深め、協力して改善に努めることができる体制を構築するためには、日常的に職員同士が主体的に学び合う姿勢が重要である。そのため、設置者・管理者は、事業所等において職場研修を実施し、職員は当該研修を通じて、常に自己研鑽を図る必要がある。

加えて、設置者・管理者は、職員が外部で行われる研修等へ積極的に参加できるようにし、職員が必要な知識・技術の習得、維持及び向上を図ることができるようにする必要がある。

（1）　職員の知識・技術の向上

○　職員の知識・技術の向上は、児童発達支援の内容の向上に直結するものであり、職員の知識・技術の向上の取組は、設置者・管理者の重要な管理業務の一つである。

○　設置者・管理者は、職員の資質の向上の支援に関する計画を策定し、その計画に係る研修の実施又は研修の機会を確保することが必要である。資質の向上の支援に関する計画の策定に際しては、職員を積極的に参画させることが必要である。

○　児童発達支援を適切に提供する上で、児童発達支援に期待される役割、障害のあるこどもの発達の段階ごとの特性、障害種別・障害の特性、こどもと家族に対する適切なアセスメントと支援の内容・方法、関連する制度の仕組み、関係機関・団体の役割、児童虐待への対応、障害者権利条約の内容等を理解することが重要であり、設置者・管理者は、職員に対してこうした知識の習得に向けた意欲を喚起する必要がある。

○　障害種別・障害の特性に応じた支援や発達の段階に応じた支援、家族支援等に係る適切な技術を職員が習得することが、こどもの発達支援や二次障害の予防、家庭養育を支えるといった視点から重要であり、設置者・管理者は、職員に対してこうした技術の習得に向けた意欲を喚起する必要がある。

（2）　研修の受講機会等の提供

○　設置者・管理者は、職員の資質の向上を図るため、研修の実施等を行う必要がある。具体的には、自治体や児童発達支援センター、障害児支援関係団体が実施する研修等への職員の参加、事業所等における研修会や勉強会の開催（本ガイドラインを使用した研修会や勉強会等）、事業所等に講師を招いての研修会の実施、職員を他の事業所等に派遣しての研修、事業所内における職員の自己

研鑽のための図書の整備等が考えられる。また、医療的ケアが必要なこどもや重症心身障害のあるこどもに対し、適切な支援が行われるよう、職員に喀痰吸引等の研修を受講させることが必要である。さらに、強度行動障害を有するこどもに対し、適切な支援が行われるよう、強度行動障害支援者養成研修や中核的人材養成研修を受講させることも必要である。

○　児童発達支援管理責任者は、職員に対する技術指導及び助言を行うことも業務となっており、設置者・管理者は、事業所内における研修の企画等に当たっては、児童発達支援管理責任者と共同して対応していくことが必要である。

（3）　児童発達支援センターによる
　　　スーパーバイズ・コンサルテーションの活用

○　児童発達支援センターには、地域の障害児通所支援事業所に対するスーパーバイズ・コンサルテーション機能（支援内容等の助言・援助）を有することが求められており、対応が難しいこどもや家族をはじめ、個別ケースへの支援も含めた障害児通所支援事業所全体への支援が行われることが期待される。具体的には、直接個別の事業所に訪問して行うものや、事業所が児童発達支援センターを来訪して行うものなど、様々な方法が考えられる。

○　地域の障害児通所支援事業所においては、児童発達支援センターとの連携を図りながら、スーパーバイズ・コンサルテーションを受けることにより、支援の質の向上につなげていくことが望ましい。

○　スーパーバイズ・コンサルテーションを効果的に活用するためには、提供する児童発達支援センターとこれを受ける事業所の相互理解や信頼関係の構築が重要であり、相互が理念や支援の手法を明確にして取り組んでいくことが必要である。

○　詳細は、追って示す「地域における児童発達支援センター等を中核とした障害児支援体制整備の手引き」を参照すること。

2．権利擁護

　　障害のあるこどもの支援に当たっては、こどもの権利条約、障害者権利条約、こども基本法、児童福祉法等が求めるこどもの最善の利益が考慮される必要がある。特に、障害のあるこどもが、自由に自己の意見を表明する権利及びこの権利を実現するための支援を提供される権利を有することを認識することが重要である。具体的には、職員は、こどもの意向の把握に努めること等により、こども本人の意思を尊重し、こども本人の最善の利益を考慮した支援を日々行う必要があり、詳細は、追って示す「障害児支援におけるこどもの意思の尊重・最善の利益の優先考慮の手引き」を参照すること。

　　また、障害のあるこどもの権利擁護のために、虐待等のこどもの人権侵害の防止に関する次のような取組も積極的に行っていくことが必要である。

（1）　虐待防止の取組

○　設置者・管理者は、運営基準により、虐待防止委員会を定期的に開催するとともに、その結果について職員に周知徹底を図ること、職員に対する虐待の防止のための研修を定期的に実施すること、これらの措置を適切に実施するための担当者を置くことが求められている。

○　設置者・管理者は、職員によるこどもに対する虐待を防止するため、虐待防止委員会の設置など、必要な体制の整備が求められる。

　　虐待防止委員会の責任者は、通常、管理者が担うこととなる。虐待防止委員会を組織的に機能させるために、苦情解決の第三者委員等の外部委員を入れてチェック機能を持たせるとともに、児童発達支援管理責任者等、虐待防止のリーダーとなる職員を虐待防止マネージャーとして配置し、研修や虐待防止チェックリストの実施など、具体的な虐待防止への取組を進めることが必要である。

○　設置者・管理者は、職員に対し、虐待防止啓発のための定期的な研修を実施し、又は自治体が実施する研修を受講させるほか、自らが虐待防止のための研修を積極的に受講すること等により、児童虐待の防止等に関する法律（平成12 年法律第 82 号。以下「児童虐待防止法」という。）及び障害者虐待の防止、障害者の養護者に対する支援等に関する法律（平成 23 年法律第 79 号。以下「障害者虐待防止法」という。）について理解し、虐待防止の取組を進める必要がある。特に、「障害者福祉施設等における障害者虐待の防止と対応の手引き」は必ず読むようにすること。

　　また、自治体が実施する虐待防止や権利擁護に関する研修を受講した場合には、事業所等で伝達研修を実施することが重要である。

○　職員からの虐待（特に性的虐待）は、密室化した場所で起こりやすいことから、設置者・管理者は、送迎の車内を含め、密室化した場所を極力作らないよう、常に周囲の目が届く範囲で支援を実施できるようにする必要がある。実習生やボランティアの受入れや地域住民との交流を図ることなどを通じて、第三者の目が入る職場環境を整えることも重要である。

○　児童対象性暴力等がこどもの権利を著しく侵害し、こどもの心身に生涯にわたって回復し難い重大な影響を与えるものであることに鑑み、児童等に対して教育、保育等の役務を提供する事業を行う立場にある学校設置者等及び認定を受けた民間教育保育等事業者が、教員等及び教育保育等従事者による児童対象性暴力等の防止の措置を講じることを義務付ける「学校設置者等及び民間教育保育事業者による児童対象性暴力等の防止等のための措置に関する法律」（令和 6 年法律第 69 号。以下「こども性暴力防止法」という。）が令和 6 年通常国会において成立し、公布の日（令和 6 年 6 月 26 日）から起算して 2 年 6 月を超えない範囲において政令で定める日より施行される。

　　講ずべき措置について、具体的には、教員等の研修やこどもとの面談、こどもが相談を行いやすくするための措置等及び教員等としてその業務を行わせる者についての特定性犯罪前科の有無の確認等をしなければならず、これらの措置について、認可保育所等や障害児入所施設のほか、指定障害児通所支援事業（児童発達支援、放課後等デイサービス、居宅訪問型児童発達支援及び保育所等訪問支援）は義務の対象とされ、児童福祉法上の届出対象の事業や認可外保育施設、総合支援法に規定される障害児を対象とする事業（居宅介護、同行援護、行動援護、短期入所及び重度障害者等包括支援事業）は、認定を受けた場合は、学校設置者等が講ずべき措置と同等のものを実施しなければならない。今後、施行までに現場の声を聴きながら、対象となる従事者や具体的な措置の内容等について検討していく。

○　職員から虐待を受けたと思われるこどもを発見した場合（相談を受けて虐待と認識した場合を含む。）、その者は、障害者虐待防止法第 16 条に規定されている通報義務に基

づき、児童発達支援の通所給付決定をした市町村の窓口に通報する必要がある。事業所等の中だけで事実確認を進め、事態を収束させることなく、必ず市町村に通報した上で行政と連携して対応を進める必要がある。

○　職員は、保護者による虐待を発見しやすい立場にあることを認識し、こどもの状態の変化や家族の態度等の観察、情報収集により、虐待の早期発見に努める必要がある。また、保護者に対する相談支援やカウンセリング等により、虐待の未然防止に努めることが重要である。

○　職員は、保護者による虐待を発見した場合は、児童虐待防止法第 6 条に規定されている通告義務に基づき、市町村、都道府県の設置する福祉事務所又は児童相談所等へ速やかに通告する必要がある。虐待等により福祉的介入が必要とされるケースについては、市町村等が設置する要保護児童対策地域協議会等を活用しながら、児童相談所やこども家庭センター、児童家庭支援センター、市町村の児童虐待対応窓口、保健所等の関係機関・団体と連携して対応を図っていくことが求められる。

（2）　身体拘束への対応

○　職員が自分の体でこどもを押さえつけて行動を制限することや、自分の意思で開けることのできない居室等に隔離すること等は身体拘束に当たり、運営基準により、障害のあるこどもや他の障害のあるこどもの生命又は身体を保護するために緊急やむを得ない場合を除き、禁止されている。

○　設置者・管理者は、身体拘束等の適正化を図る措置（①身体拘束等の記録、②身体拘束適正化検討委員会の定期開催、③指針の整備、④研修の実施）を講じる必要がある。

○　やむを得ず身体拘束を行う場合は、切迫性、非代替性、一時性の 3 つの要件を全て満たすことが必要となるが、身体拘束の検討が必要なケースについては、代替性がないか等について慎重に検討した上で、それでもなお、身体拘束を行わざるを得ない事態が想定される場合には、いかなる場合にどのような形で身体拘束を行うかについて、設置者・管理者は組織的に決定する必要がある。また、児童発達支援管理責任者は、児童発達支援計画に、身体拘束が必要となる状況、身体拘束の態様・時間等について、こどもや保護者に事前に十分に説明をし、了解を得た上で記載することが必要である。

○　身体拘束を行った場合には、設置者・管理者は、身体拘束を行った職員又は児童発達支援管理責任者から、その様態・時間、その際のこどもの心身の状況、緊急やむを得ない理由等について報告を受けるとともに、記録を行うことが必要である。なお、必要な記録がされていない場合は、運営基準違反となることを認識しておく必要がある。

（3）　その他

○　設置者・管理者は、こどもの権利擁護に関する研修会を実施するなど、職員がこどもの人権や意思を尊重した支援を行うために必要な取組を進めることが必要である。

出典（P.79 〜 101）：「児童発達支援ガイドライン、放課後等デイサービスガイドライン及び保育所等訪問支援ガイドラインの改訂等について（こ支障第 168 号　令和 6 年 7 月 4 日通知）」「（別紙 1）児童発達支援ガイドライン」P.5 〜 56 を抜粋。

保育総合研究会とは

保育総合研究会は、1999年に設立し、保育の研修・情報発信を柱に全国約100園の保育園・こども園などが加盟する研究団体です。保育園・こども園などの保育施設の関係者をはじめ、児童発達支援・放課後等デイサービス、大学、保育関連の企業等の関係者が会員で、こどもの育ちや環境について研究しています。

定例会・年次大会には厚生労働省、内閣府、こども家庭庁、大学、医療機関などから講師を招き研修会を開催。令和5年11月には障害事業設立研修会を開催し、現在、加盟園では児童発達支援事業所等を併設する園が増えています。令和6年には、同研究会内にインクルーシブ委員会を設立。こども家庭庁による「児童発達支援ガイドライン」説明会などを開催し、障害児支援や制度についても深く研究、情報を共有しています。

主な活動内容

- 「保育制度部会」「保育科学部会」「JAMEE.S部会」「生涯教育部会」「公開保育委員会」「インクルーシブ委員会」の活動
- 日本保育協会の保育科学研究への参加・研究の実施
- PECERA（環太平洋乳幼児教育学会）への参加
- 年間概ね4回の定例会の開催
- 年次大会の開催
- 定期総会の開催

主な監修書籍

『平成30年度施行　幼保連携型認定こども園教育・保育要領に基づく自己チェックリスト100』
『平成30年度施行　保育所保育指針に基づく自己チェックリスト100』
『CD-ROMブック　平成30年度施行　新要領・指針サポートブック』
『0歳児の指導計画』『1歳児の指導計画』『2歳児の指導計画』CD-ROM＆ダウンロードデータ付き　　　　　　　　（すべて世界文化社）

事務局　〒574-0014　大阪府大東市寺川1-20-1
　　　　　社会福祉法人　聖心会　幼保連携型認定こども園　第2聖心保育園内
　　　　　事務局長　永田 久史　電話 072-874-0981

http://hosouken.xii.jp/hskblog/

フォーマットダウンロードのしかた

Chapter 3で紹介している個別支援計画書の本書オリジナルフォーマットがExcelデータでダウンロードできます。

●ダウンロードの方法

下記の二次元コード、またはURLにアクセスしてパスワードを入力してください。

https://mywonder.jp/pripribooks/36303

★パスワードはアクセスしたページの条件に従って英数字を入力してください。

※ダウンロードページの記載内容は、予告なしに変更する場合がございます。
※ダウンロードに係る各社サービスが終了するなどした場合、ダウンロードが利用できなくなる場合がございます。

●データがダウンロードできないとき

❶**最新ブラウザにてご覧ください**
推奨ブラウザはGoogle Chromeです。Internet Explorerなど旧世代のブラウザをご使用の場合は、Google Chrome（最新版）にてお試しください。

❷**パスワードは「半角英数字」で入力してください**

❸**システム管理者にお問い合わせください**
セキュリティソフトやファイアウォールなどの設定で、データのダウンロードに制限がかかっている可能性がございます。お客様の組織のシステム管理者にお問い合わせください。

Excel ワンポイント

セル（枠）内で改行したい！
➡ Altキーを押しながらEnterキーを押すと改行できます。

文章が長くてセル（枠）の中におさまらない！
➡ 行の高さを広げて調整してみましょう。

●データご利用のポイント

Excelデータの表組みは、記入欄が空欄となっております。個々のこどもに合った計画を作成してください。

おわりに

　本書『児童発達支援 個別支援計画サポートブック』は、「令和6年度障害福祉サービス等報酬改定」にともない改訂された「児童発達支援ガイドライン」の要点を踏まえ、こどもに寄り添った質の高い支援を実現するための、個別支援計画作成における実践的なヒントをまとめたものです。

　こどもの興味や得意・苦手に着目し、将来に向けた可能性を見据えながら、具体的でわかりやすい個別支援計画をいかに作成・運用するか――今、改めてこの視点が求められています。

　令和6年の「児童発達支援ガイドライン」の改訂では、「こどもをまんなかに考える」という視点が一層強調されました。児童発達支援で私たちが大切にしたいのは、こどもの声を丁寧にくみ取り、温かく寄り添い、家族や支援者が力を合わせて総合的に成長を支えることです。

　そのためには、保護者や保育所等、医療機関、教育機関、放課後等デイサービスなど、様々な関係者が情報を共有し、知恵や経験を持ち寄って協働する仕組みづくりが欠かせません。

　個別支援計画を作成する上で重要なのは、まず、丁寧なアセスメントにより、こどもの"今"を正しく把握することです。こどもの日常の観察、保護者との対話、専門家の意見などを組み合わせ、こどもの特性やニーズを多角的に捉えます。

　次に、こどもに合わせた目標を明確に設定し、必要な支援を具体化することです。これにより、関係機関が同じ方向を見据えて連携しやすくなります。さらに、一度立てた計画をそのままで終わらせず、こどもの成長や環境の変化に合わせて定期的に振り返ること、柔軟に修正を重ねることが、よりよいサポートへとつながります。

　本書は、「児童発達支援ガイドライン」の改訂を踏まえ、個別支援計画書作成のポイントや流れ、現場で役立つ情報をわかりやすく解説しています。ただし、こどもの特性や社会の状況は絶えず変化するため、本書を道しるべとしながらも、日々の実践の中で学びと柔軟なアップデートを重ねていただくことが求められます。

　児童発達支援に携わる皆さまの専門性をさらに高め、こどもの支援に携わる人々がチーム一丸となり、こどもの成長を支えるための手がかりとして、本書をご活用いただければ幸いです。こどもたちの笑顔を育み、よりよい未来をともに築いていく一助となることを願っています。

保育総合研究会インクルーシブ委員会 委員長　岩田貴正

個別支援計画　執筆協力（50音順）

アンジン（児童発達支援・放課後等デイサービス）
　樋口里香

エンジョイキッズ（児童発達支援）
　伊藤幸子

エンジョイ松阪（児童発達支援・放課後等デイサービス）
　志村直子　棗 麻衣

かなゆめキッズま～る（児童発達支援・放課後等デイサービス）
　前里優子　前原 優

toi toi toi（児童発達支援）
　椛沢香澄

toi toi toi 2nd（児童発達支援・放課後等デイサービス）
　太田吏香

ひがしどおり児童発達支援事業所 TAOTAO（児童発達支援）
　鈴木知佳　田畑栄利子

支援プログラム・モニタリングシート　執筆協力

エンジョイ松阪（児童発達支援・放課後等デイサービス）
　志村直子

コラム執筆（コラム掲載順）

筑波晃英	ほうこく保育園
椛沢伊知郎	toi toi toi 2nd （児童発達支援・放課後等デイサービス）
戸波佳代	重症児デイサービス ななほし （重症心身障害児・医療的ケア児通所支援）
矢野理絵	くほんじこども園

取材協力（50音順）

勇まり子	トーマスぼーや保育園
椛沢香澄	toi toi toi（児童発達支援）
志村直子	エンジョイ松阪 （児童発達支援・放課後等デイサービス）

監修　保育総合研究会

坂﨑隆浩	こども園ひがしどおり、 ひがしどおり児童発達支援事業所 TAOTAO （児童発達支援）
岩田貴正	株式会社エンジョイ

※上記の所属は、初版第1刷発行時のものです。

［ダウンロードデータ用］
こちらの表組みはダウンロード
データ利用時に使用いたします。

	あ	い	う	え
1	S	2	M	5
2	1	K	6	H
3	T	9	W	G

カバー・表紙デザイン	川村哲司（atmosphere ltd.）
本文デザイン	嶋岡誠一郎
イラスト	山村真代
撮影	大見謝星斗（世界文化ホールディングス）
校正	株式会社 円水社
DTP作成	株式会社 明昌堂
編集協力	こんぺいとぷらねっと
企画編集	源嶋さやか　乙黒亜希子

令和6年度 ガイドライン改訂
児童発達支援
個別支援計画サポートブック

発行日　2025年3月20日　初版第1刷発行
　　　　2025年5月15日　　　第2刷発行

監　修　保育総合研究会
発行者　竹間 勉
発　行　株式会社 世界文化ワンダーグループ
発行・発売　株式会社 世界文化社
　　　　〒102-8192
　　　　東京都千代田区九段北4-2-29

　　　　電　話　03-3262-5474（編集部）
　　　　　　　　03-3262-5115（販売部）

印刷・製本　TOPPAN クロレ 株式会社

ISBN 978-4-418-25704-1
©hoikusogokenkyukai, 2025. Printed in Japan

落丁・乱丁のある場合はお取り替えいたします。
定価はカバーに表示してあります。
無断転載・複写（コピー、スキャン、デジタル化等）を禁じます。
本書を代行業者等の第三者に依頼して複製する行為は、
たとえ個人や家庭内での利用であっても認められておりません。